Ulrike Aufderheide

Klimafest und artenreich – das Naturgartenprinzip

Gedruckt auf
100% Recyclingpapier

Ulrike Aufderheide

Klimafest und artenreich – das Naturgartenprinzip

Klimakrise verstehen und Gärten naturnah verwandeln

pala verlag

Inhalt

Naturgarten als Teil der Lösung

Die Bilder auf der linken Seite zeigen die Naturinsel bei Wesel, ein Schaugarten des NaturGarten e.V., einmal im Hitzesommer 2018 (kleines Foto) und dann im Sommer 2020. Was in der Hitze in diesem auf Sand gebauten Garten vertrocknete, grünte und blühte in den Folgejahren erneut, ohne dass der Garten neu angelegt werden musste.

Naturgärten können wie die Savannen Afrikas nach einer Dürrezeit aus eigener Kraft wieder grünen und blühen – und einige Pflanzen bleiben sogar in Hitzeperioden vital und blühen unbeeindruckt weiter. Biodiversitätsfördernde Gärten sind klimaresilient. In diesem Buch erfahren Sie, warum das so ist und wie wir mit dem Naturgartenprinzip unsere Städte und Dörfer in einem heißer werdenden Klima lebenswert erhalten können.

Ja, es wird immer wärmer und trockener auf der Erde, weil wir die Atmosphäre mit immer mehr Kohlendioxid anreichern, das vor Jahrmillionen von Pflanzen gebunden wurde und als Kohle, Öl und Gas unter der Erde lagert. Wir müssen das ändern, wir müssen lernen, anders zu wirtschaften, damit wir nicht globale Temperaturen erreichen, die zum Zusammenbruch der Ökosysteme führen und menschliches Leben auf diesem Planeten nahezu unmöglich machen.

Biodiversitätsfördernde Flächen sind nicht die Lösung der Klimakrise, aber sie sind Teil der Lösung. Sie werden erstaunt sein, wie wir auch mit erstaunlich geringem Aufwand eine Menge erreichen können. Das Naturgartenprinzip ist aber auch Teil der Lösung, weil wir hier lernen, mit der Natur und nicht gegen sie zu arbeiten.

Dass es besser ist, mit der Natur zu arbeiten, ist wohl auch der Grund dafür, dass viele der Lebensräume, die wir im naturnahen Garten gestalten, um die biologische Vielfalt zu fördern, die Umgebung besonders gut abkühlen und den Grundwasserspeicher effektiv auffüllen können.

Für jeden der vorgestellten Lebensräume wurden kleine Botschafter ins Buch geholt, die zeigen, wie das Zusammenspiel zwischen Tier- und Pflanzenwelt und das Naturgartenprinzip funktionieren. Das Buch soll dazu anregen, sich der neuen Welt zu stellen, sie im Kleinen zum Besseren zu wenden und dabei Schönheit, Lebensqualität und Kraft für die großen Veränderungen zu ernten.

← Naturgärten können sich wie die Savannen Afrikas nach Dürren wieder regenerieren, sie sind klimaresilient

Klimawandel – Klimakrise – Klimakatastrophe

Über die Macht der Worte – oder wie Begriffe uns hindern, aktiv zu werden

Sprache ist mächtig. Welche Worte wir benutzen, zeigt nicht nur unsere Haltungen und Wertungen, sie bestimmen auch unser Handeln. Ein Beispiel aus dem Naturschutz: Bis 1976 gab es im Jagdrecht den Begriff »Raubzeug«. Damit waren diejenigen Beutegreifer gemeint, die mit den Jägern um dieselbe Beute konkurrieren. Sie durften – auch auf sehr tierquälerische Art und Weise, mit Schlingen, Fallen und Gift – ausgerottet werden. Dazu gehörten Fuchs, Dachs, Luchs, Wolf, Greif- und Rabenvögel, Ratten, streunende Hunde und Katzen. Es ist also ein großer Unterschied, ob ich von »Tier« oder von »Zeug« spreche, ob ich »Raubvogel« und »Raubtier« sage oder die Begriffe »Greifvogel« und »Beutegreifer« verwende. Dort, wo von Raubvögeln gesprochen wird, erscheint der Abschuss oder das Ausnehmen der Nester legitim. Die Populationszunahmen von Wolf, Luchs, Seeadler oder Wanderfalke begannen nicht zufällig zu der Zeit, als zunehmend andere Begriffe für diese Arten genutzt wurden.

Abwertende Begriffe ermöglichen Handlungen, die ansonsten sozial nicht erlaubt sind – beim »Raubzeug« das Quälen von Tieren. Verharmlosende Begriffe sollen im Gegensatz dazu Handlungen verhindern. Der Begriff »Klimawandel« zeigt, wie verhängnisvoll erfolgreich ein einzelner Mensch mit solch einem verharmlosenden Begriff sein kann.

Während vorher meist von Erderwärmung oder »*Global Warming*« gesprochen wurde, schrieb Frank Luntz im Jahr 2002 in einem Bericht für den amerikanischen Präsidenten Bush: »*The scientific debate is closing [against us] but not yet closed. There is still a window of opportunity to challenge the science … Therefore, you need to continue to make the lack of scientific certainty a primary issue in the debate.*« (»Die wissenschaftliche Diskussion ist fast abgeschlossen, jedoch noch nicht vollständig. Es

← Waldbrände nehmen weltweit zu. In Australien sind sie inzwischen in einigen Gebieten so häufig und intensiv, dass die Regeneration der Lebensräume nicht mehr richtig möglich ist, obwohl sie eigentlich an gelegentliche Brände angepasst sind.

gibt immer noch ein Fenster, die Wissenschaft herauszufordern … Deshalb müssen wir den Mangel an wissenschaftlicher Gewissheit zum wichtigsten Punkt der Debatte machen«, Übers. d. Verf.). Luntz schlug in demselben Memo vor, nicht mehr von »*Global Warming*« (Erderwärmung) zu sprechen, sondern den Begriff »*Climate Change*« zu benutzen. Die Strategie der Regierung Bush war enorm erfolgreich, die meisten sprechen heute unbewusst verharmlosend von Klimawandel. Ein weiteres Argument, das die Regierung Bush in die Klimaverhandlungen einbrachte, war der Plan, die Klimakrise durch die Pflanzung von Bäumen zu verhindern. Die Umweltverbände waren entsetzt ob dieses offensichtlichen Unsinns, denn alle Lebewesen, Tiere wie Pflanzen, geben den in ihnen gebundenen Kohlenstoff nach ihrem Tod ja wieder frei. Leider ist auch dieser Gedanke inzwischen weitgehend akzeptiert (siehe Seite 36).

Allerdings hat inzwischen ein Umdenken eingesetzt. So veröffentlichte die englische Zeitung »The Guardian« bereits am 15. Oktober 2019 eine Selbstverpflichtung: »Wir glauben, dass die eskalierende Klimakrise ein bestimmendes Thema unserer Zeit ist und dass unser Planet sich im Griff einer Katastrophe befindet. Wir wissen,

> *»Jede neue Generation nimmt die verarmte Naturausstattung jeweils als Normalzustand hin, weil sie es nicht anders kennt.«*
>
> *Carla Michels*

Abgestorbene Fichten in der Rhön

Der Rückgang der Verfolgung durch den Menschen hat ebenso zur Erholung der Bestände von einigen Gre›ifvögeln wie dem Seeadler beigetragen wie das Verbot von DDT

dass unsere Leserinnen und Leser und Unterstützer in der ganzen Welt leidenschaftlich von diesem Thema bewegt sind … Wir werden eine Sprache benutzen, die die Krise, in der wir uns befinden, anerkennt … Wir benutzen seit Mai 2019 die Begriffe ›Klimanotstand, -krise oder -zusammenbruch‹ *(›Climate Emergency, Crisis or Breakdown‹)* statt Klimawandel oder Globale Erwärmung *(›Climate Change or Global Warming‹)*« (Übers. d. Verf.). Der Guardian lehnt Anzeigen von Firmen ab, die fossile Brennstoffe gewinnen, und verpflichtete sich, bis 2030 klimaneutral zu wirtschaften.

Dabei stellt sich angesichts schmelzender Gletscher, Polkappen und Permafrostböden in Sibirien, sterbender Korallenriffe, eines steigenden Meeresspiegels, brennender Moore und Wälder auf der ganzen Welt die Frage, ob die Krise, in die die Menschheit diesen Planeten gestürzt hat, noch zu bewältigen ist. Oder wird aus der Krise die Katastrophe »Heißzeit«?

Für die Biodiversitätskrise wurde das *»Shifting Baseline Syndrome«* beschrieben, das uns daran hindert, die Krise wahrzunehmen und unser Handeln zu ändern: »Jede neue Generation nimmt die verarmte Naturausstattung jeweils als Normalzustand hin, weil sie es nicht anders kennt. So konnte es passieren, dass die schleichende Verarmung weitgehend unerkannt blieb«, schreibt Carla Michels zum Verlust der biologischen Vielfalt. Bei der Klimakrise ist es vielleicht ähnlich. So ist die Frage, ob schon die Krise oder erst die Katastrophe die Menschheit zu einem konzertierten und auf das Gemeinwohl ausgerichteten Handeln bringt. Denn dazu ist ein großer Teil der Menschen ja durchaus fähig. Solidarisches Handeln in Naturkatastrophen wie dem Elbhochwasser oder im Ukraine-Krieg lassen Hoffnung aufkommen. Leider handelt es sich aber meist um eine kurzfristige Solidarität in der Situation einer akuten und emotional aufwühlenden Notsituation. Wenn es aber um den langen Atem geht, um die langfristige Änderung von Verhalten oder Grundstrukturen des Wirtschaftens und Denkens, also um eine Transformation, dann ist es ungleich schwieriger, nicht nur auf den kurzfristigen persönlichen Vorteil zu schauen. Das notwendige gemeinsame Handeln der Menschheit ist eine gewaltige Herausforderung. Aber gefragt sind wir alle und wir können uns entscheiden, ein Teil der Lösung oder ein Teil des Problems zu sein. Eines ist sicher: Naturgärten sind ein Teil dieser Lösung.

Nichts Neues? Klimawandel und Treibhauseffekt

Klima ist nicht dasselbe wie Wetter

In den heißen Sommern der Jahre 2018 und 2019 wurde die Tatsache, dass sich das Klima ändert, vielen Menschen klar, die Medien räumten dem Thema viel Raum ein. Am 20. August 2018 stand Greta Thunberg das erste Mal mit ihrem Schild »Schulstreik für das Klima« vor dem Schwedischen Parlament. Inzwischen sind weitere Hitzesommer ins Land gegangen, wieder mit zahlreichen Schäden – verbrannte Wälder, zerbrechende Berggipfel und schmelzende Gletscher, verdorrte Felder und Viehweiden oder Starkregenereignisse, die Dörfer und Äcker überfluten oder ganze Häuser und die darin lebenden Menschen wegschwemmen – und mit zahllosen Menschen, deren Körper die hohen Temperaturen nicht mehr aushalten.

Dabei ist Klima nicht dasselbe wie Wetter. Wetter ist jeden Tag direkt erlebbar. Klima sind die durchschnittlichen Eigenschaften der Atmosphäre für eine betrachtete Fläche. Das kann unser Planet sein, wenn zum Beispiel die Durchschnittstemperatur der Erdatmosphäre angegeben wird, eine Landschaft, ein Ort oder auch das Mikroklima unter einem bestimmten Baum in unserem Garten. Solche Durchschnittswerte können angegeben werden für Temperatur, Feuchtigkeit und die Druckverhältnisse der Luft, Windgeschwindigkeit und -richtung, Art und Menge des Niederschlags, Bewölkung oder Sonnenscheindauer. Die beiden letzten Messwerte beeinflussen einen dritten wichtigen Wert, die Strahlungsbilanz. Das ist der Unterschied zwischen der Menge an Energie, die von der betrachteten Fläche von der Sonne kommend auf die Fläche auftrifft, und der Wärme, die als reflektiertes Licht oder Wärme wieder abgestrahlt wird.

Alexander von Humboldt hat das schon 1845 in seinem »Kosmos – Entwurf einer physischen Weltbeschreibung« so formuliert (im Grunde gilt diese Erklärung noch heute):

> *»Das Wort ›Klima‹ bezeichnet zuerst eine spezifische Beschaffenheit des Luftkreises; aber diese Beschaffenheit ist abhängig von dem perpetuierlichen Zusammenwirken einer all- und tiefbewegten, durch Strömungen von ganz entgegengesetzter Temperatur durchfurchten Meeresfläche mit der wärmestrahlenden Erde, die mannigfaltig gegliedert, erhöht, gefärbt, nackt oder mit Wald und Kräutern bedeckt ist.«*

Klimawandel gehört zu unserem Planeten

Das Klima hängt von verschiedenen Faktoren ab, die sich alle untereinander beeinflussen, die aber auch Einflüssen von außen unterliegen. Der wichtigste davon ist sicherlich die Sonneneinstrahlung. Diese wiederum hängt einmal von der Stärke an Strahlung ab, die die Sonne produziert, andererseits aber auch davon, wie viel davon auf die Erdoberfläche auftrifft und wie viel dieser Strahlungsenergie wieder in den Weltraum zurückreflektiert wird. Die Energie, die die Sonne in den Weltraum ausstrahlt, schwankt und auch der Einstrahlwinkel, der die Menge der auf der Erde auftreffenden Energie beeinflusst, ändert sich in kürzeren und längeren Rhythmen. Der Wechsel der Jahreszeiten in Mitteleuropa wird dadurch verursacht, dass unser Stückchen Erde mal mehr und mal weniger der Sonne zugeneigt ist, denn die Erdachse liegt nicht rechtwinklig zur Fläche der Sonnenumlaufbahn, sondern ist geneigt. Diese Neigung schwankt aber und auch die Erde läuft nicht immer auf derselben Bahn um die Sonne. Die Umlaufbahn ändert sich in einem Zyklus von ungefähr 100 000 Jahren, der Neigungswinkel der Erdachse ändert sich in einem Zyklus von 41 000 Jahren, überlagert von kleineren taumelnden Bewegungen der Erdachse mit einem Zyklus von 18 000 und 23 000 Jahren. Diese kosmischen Rhythmen verändern den Strahlungshaushalt der Erde und bewirken Klimaänderungen, in unserem Erdzeitalter zum Beispiel den Wechsel zwischen Warm- und Kaltzeiten.

Das Klima wird aber nicht nur aus dem Weltraum beeinflusst, auch die Verschiebung der Landmassen, Veränderungen von Meeresströmungen, Vulkanausbrüche mit ihren großen Aschewolken oder Meteoriteneinschläge haben in der Vergangenheit das globale Klima verändert.

Insgesamt lässt sich seit dem Aussterben der Dinosaurier vor 65 Millionen Jahren – dem vorläufig letzten großen Aussterbeereignis – eine lang andauernde Abkühlung des Klimas auf der Erde beobachten. Diese Abkühlung ging mit sinkenden Kohlendioxid-Konzentrationen in der Atmosphäre einher. Vor ungefähr zweieinhalb Millionen Jahren begann dann unser Erdzeitalter, das Pleistozän (früher Quartär genannt), mit seinem mehr oder weniger regelmäßigen Wechsel von ungefähr einhunderttausend Jahre dauernden Eiszeiten und den wesentlich kürzeren, ungefähr zehntausend Jahre dauernden Warmzeiten. Die Zeit seit der letzten Eiszeit, »unsere« Warmzeit, zeichnet sich durch ein angenehm temperiertes und gleichbleibendes Klima aus. Aber auch schon die neuere Geschichte zeigt, welch dramatische Folgen kleine Veränderungen der Durchschnittstemperatur haben: So war es in der Zeit von 950 bis 1300 unserer Zeitrechnung angenehm warm, auch in Norddeutschland konnte Weinanbau betrieben werden. Nur 0,2 bis 0,6 °C kühler folgte darauf die sogenannte »Kleine Eiszeit«: Es kam vermehrt zu dramatischen Sturmfluten, die die Küstenlinie der norddeutschen Bucht völlig veränderten, Missernten führten zu Hungersnöten, Moore dehnten sich aus.

Die Erde hat Fieber – was bedeutet 1 °C mehr?

Seit der Mitte des neunzehnten Jahrhunderts erwärmt sich das Klima wieder. Und diese Werte ändern sich in den letzten einhundertfünfzig Jahren auffällig und so schnell, wie das selten in der Erdgeschichte der Fall war.

So ist die globale durchschnittliche Temperatur der Erde, verglichen mit der Zeit von 1859 bis 1890, bis 2020 um 1,09 °C gestiegen, die Mitteltemperatur über Land sogar um 1,59 °C. Allein in den letzten fünf Jahren vor 2018 hat sich die mittlere Temperatur in Deutschland um 0,3 °C erhöht.

Eineinhalb Grad Celsius mag nicht viel erscheinen, wie viel das eigentlich ist, wird klar, wenn wir bedenken, dass der Unterschied der globalen Durchschnittstemperaturen heute und in der letzten Eiszeit, an der das Eis der Polkappen bis nach Norddeutschland reichte, nur vier bis sechs Grad betrug.

Für Menschenarten zuträgliche Bedingungen entstanden erst im Miozän, vor sieben bis dreizehn Millionen Jahren. Unsere Menschenart ist erst seit 300 000 Jahren nachgewiesen. In diesem Zeitraum gab es, nämlich vor 130 000 Jahren, nur eine einzige Warmzeit vor unserer Warmzeit. Diese vorletzte Warmzeit wird »Eem« genannt, damals lag die Temperatur um 2 bis 4 °C höher als heute, und damit ungefähr in dem Bereich, den wir erwarten können, wenn die Menschheit es schafft, den Kohlenstoffhaushalt in den Griff zu bekommen. Ansonsten lagen die Temperaturen weit unter den heutigen. Die für uns bewohnbare Hülle der Erde mit ihren angenehmen Temperaturen existiert also noch nicht lange und es ist durchaus fraglich, ob Säugetiere und insbesondere wir Menschen dauerhaft Temperaturen aushalten können, die wesentlich höher liegen als heute. Besonders empfindlich ist unser Gehirn, es

In der Kleinen Eiszeit des Mittelalters sank die Temperatur um nur wenige Zehntel Grad, trotzdem gab es plötzlich eine andere Welt mit Missernten und langen kalten Wintern

Distelfalter, fotografiert im Norden Estlands. Diese Wanderfalter ziehen immer weiter nach Norden.

braucht, um gut arbeiten zu können, genügend Energie und verträgt kaum eine Erhöhung der Körpertemperatur. Ein Grad Erhöhung der durchschnittlichen globalen Temperatur erscheint wenig, wir begreifen die Messgröße besser, wenn wir uns vorstellen, wie wir uns bei 38 °C statt 37 °C Körpertemperatur fühlen. Je höher die Temperatur liegt, desto mehr Energie muss unser Körper aufwenden, um eine Überhitzung zu vermeiden. Ab einer durchschnittlichen Erhöhung der globalen Temperatur um 7 °C wird es Regionen geben, in denen das nicht mehr möglich sein wird. Schon heute merken wir: An heißen Tagen fällt alles schwer, besonders das Denken.

Eine relativ kühle Außentemperatur lässt nicht nur unser Gehirn gut arbeiten, sie schützt uns auch vor Krankheiten. Fast alle Krankheitserreger funktionieren am besten im Bereich der Körpertemperatur des Wirtes, sind aber im Gegensatz zu Säugetieren wechselwarm, nehmen also die Temperatur der Umgebung an. Außerhalb des menschlichen Körpers ist die Vitalität unserer Parasiten begrenzt, denn dort ist es ja meist kälter als in oder an einem Säugetier. Deshalb gibt es im kühlen Mitteleuropa wesentlich weniger problematische Krankheiten als im Tropengürtel.

Mit Naturgesetzen kann man nicht verhandeln

Auch kleine Änderungen der Durchschnittstemperatur haben erhebliche Auswirkungen, denn wir können uns der Wirkung der Naturgesetze nicht entziehen: Wasser, das erwärmt wird, dehnt sich aus; Eis, das erwärmt wird, schmilzt. Das führt zu einem Abschmelzen der Polkappen, zu einem Anstieg des Meeresspiegels und zu einer neuen Welt.

Willkommen im Anthropozän – das Leben ändert sich

Eine neue Welt

Immer häufigere und größere Feuersbrünste in Kalifornien und Australien, aber auch in Brandenburg erschrecken die Weltöffentlichkeit. Sie zeigen uns, dass wir in einer neuen Zeit leben, in der wir Menschen die Welt fundamental ändern.

Schlittenfahren im Winter fällt hierzulande in den meisten Regionen aus, Liftbetreiber halten mühsam und unter enormem Verbrauch an Wasser und Energie die Skisaison mit Kunstschnee aufrecht. Bäume und Sträucher blühen immer früher, Vögel kommen früher aus den Winterquartieren zurück und legen ein bis zwei Wochen früher ihre Eier. Auch Insekten haben um ein bis zwei Wochen nach vorne verschobene Flugzeiten.

Neue Tiere und Pflanzen tauchen auf

Außerdem beobachten Biologen, dass sich die Lebensräume von Arten nicht nur verändern, sondern auch verschieben. Egal, welche Tiergruppe betrachtet wird, immer werden Verlagerungen des Areals nach Nordosten oder Norden beobachtet. In Mitteleuropa kommen inzwischen mediterrane oder afrikanische Libellenarten vor. Auch die Wanderfalter aus südlichen Gefilden fliegen in größerer Zahl und häufiger bis Nordeuropa (wie der Distelfalter auf Seite 17).

In Erwartung des steigenden Meeresspiegels werden an der Nordseeküste die Deiche ertüchtigt oder wie hier auf Wangerooge erhöht

Wissenschaftler haben ausgerechnet, dass die Geschwindigkeit der Arealverschiebung durchschnittlich 6,1 km in zehn Jahren beträgt, das sind 1,7 m am Tag. Es gibt solche Bewegungen nicht nur von Süd(-westen) nach Nord(-osten), sondern auch von unten nach oben. In den Bergen verschiebt sich die Baumgrenze immer weiter in höhere Lagen und auch Kräuter und Gräser sowie viele Tierarten sind in immer größeren Höhen zu finden.

Steigender Meeresspiegel und schmelzende Gletscher

Während die feinen Veränderungen natürlicher Rhythmen vielleicht Ökologen und denjenigen auffallen, die das Backen des ersten Zwetschgen- oder Apfelkuchens im Tagebuch vermerken, sind andere Effekte – in einem größeren Maßstab – überdeutlich: Der Meeresspiegel steigt unaufhaltsam und immer schneller, derzeit um 3,6 Millimeter pro Jahr. Seit 1900 stieg er um 16 Zentimeter, seit 1993 um 9 Zentimeter, also über die Hälfte des Anstiegs in einem Viertel der Zeit!

Die Gletscher in den Alpen verschwinden und das arktische Eis schmilzt in einer Geschwindigkeit, die alle Prognosen übertrifft und selbst die Klimawissenschaftler überrascht.

Schmuck aus Mammutelfenbein

Die Permafrostböden, deren Temperatur früher im Untergrund das ganze Jahr unter dem Nullpunkt lag, tauen nun im Sommer komplett auf, Häuser versinken im Schlamm, Mammutkadaver, die in der letzten Eiszeit hier tiefgekühlt wurden, tauchen plötzlich auf, sogar Schmuck kann jetzt wieder aus Mammutelfenbein hergestellt werden.

Es wird wärmer und trockener

Auch wenn Klima nicht dasselbe wie Wetter ist, so ist die Veränderung des Klimas doch auch am Wetter fühlbar. Es gibt weniger Tage im Jahr mit Temperaturen unter 5 °C. Das heißt, das Baugewerbe kann den Winter über durcharbeiten. Der Inhaber eines Betriebes für Garten- und Landschaftsbau sagte das einmal so: »Ich möchte, dass endlich mal wieder Schnee fällt, damit wir wieder unsere Winterpause machen können.«

Es gibt inzwischen im Internet etliche gute Angebote, auf denen die Klimaveränderungen abgerufen werden können, z. B. den Deutschen Klimaatlas (siehe Seite 168). Es gibt immer mehr Hitzetage (Tage mit Temperaturen über 30 °C), Trockentage (Tage ohne Regen) und Tropennächte (Nächte mit Temperaturen über 20 °C). Ein Hitzesommer folgt auf den nächsten, in 2003 starben in Europa 70 000 Menschen an den Hitzefolgen, allein in Deutschland starben 2022 im Hitzesommer

Tiefschnee in den Alpen – wie lange noch?

4500 Menschen an den Folgen der hohen Temperaturen. Gleichzeitig führt das ungewohnt heiße und trockene Wetter zu Missernten bei Getreide, Heu und Silage, andererseits zu fantastischen Obst-, insbesondere Weinernten. Die Wasserstände der Flüsse sinken in Trockenperioden, der Schadstoffgehalt in Gewässern im Sommer steigt.

Neue Stoffe in der Natur, veränderte Stoffströme

Aber nicht nur die Rhythmen der Natur ändern sich. Wir haben Stoffströme verändert und neue Stoffe in die Umwelt eingebracht, die es vorher nicht gab. Alle Menschen und die von uns gehaltenen Haustierarten machen 95 Prozent der Biomasse aller Säugetiere und Vögel auf dieser Erde aus, wir essen den anderen Tieren buchstäblich das Essen vor der Nase weg.

Besonders einschneidende Folgen hat die Veränderung der Phosphor- und Stickstoffströme durch die moderne Landwirtschaft. Mithilfe des Haber-Bosch-Verfahrens macht die Düngemittelindustrie aus einem harmlosen gasförmigen Bestandteil der Atmosphäre einen Pflanzennährstoff und vermehrt damit die Menge Stickstoff, die in Lebewesen verstoffwechselt werden kann, enorm. Ein großer Teil dieses Stickstoffs gelangt dann als Lachgas wieder in die Atmosphäre. Lachgas ist ein besonders wirksames Treibhausgas. Zusammen mit dem Abbau mineralisch gebundenen Phosphors und der Herstellung des Pflanzennährstoffs Phosphat ist diese Veränderung der Stoffströme für die Überdüngung unserer Umwelt verantwortlich und damit eine der Ursachen für die Biodiversitätskrise.

Wenn diese Entwicklungen als Grafik dargestellt werden, dann sehen wir in den meisten Fällen eine Form, die an einen Hockeyschläger erinnert: In den letzten einhundert Jahren beschleunigte oder vermehrte sich der betrachtete Effekt exponentiell (siehe dazu auch Seite 156).

Auswirkungen der Klimakrise
Interview mit Reinhard Witt

__Ulrike Aufderheide:__ Können Sie sich erinnern, wann Ihnen das erste Mal aufgefallen ist, dass sich etwas verändert?

Reinhard Witt: Das war 2003, beim Bau des Natur-Erlebnis-Schulhofes Dietenhofen in Mittelfranken. Wir starteten die Bauarbeiten bei schönstem und mildem Winterwetter im Februar. Weil es nicht regnete oder schneite, ging alles gut voran. Dann hatten wir zur ersten Projektwoche im April ebenfalls sehr schönes, warmes Wetter, was mich sehr freute. Es macht keinen Spaß, in Matsch und Regen herumzuwaten. Zur 2. Projektwoche im Juli (immer noch kein Tropfen Regen bis dahin) fielen uns Teilnehmer wegen der Dauerhitze in Ohnmacht. Nach der 2. Bauwoche war aber alles fertig: 5000 m² eingesät und bepflanzt, alle warteten auf Regen. Der kam nicht. Dann fing die Schule an, die erste Hälfte des Geländes zu wässern, was den Bürgermeister zur Vermutung brachte, da oben wäre die Hauptwasserleitung gebrochen, so viel Wasser brauchten sie. Es regnete weiter nicht. Die obere, gewässerte Hälfte des Schulhofes gedieh prächtig, so wie wir es kennen und erwarten. Die untere blieb kahl und staubig. Sie entwickelte sich dafür im nächsten Jahr. Tatsächlich kam der erste Regen im November. Von Januar bis November kein Regen, das ist Wüste, das hatte ich noch nie so erlebt. 2003 galt später als einer »der Jahrhundertsommer«. Damals hatten die den Namen noch verdient. Heute ist er inflationär, es gibt zu viele und immer mehr davon, ständig hintereinander.

Reinhard Witt, Präsident des NaturGarten e. V., und Katrin Kaltofen sind gefragte Naturgartenplaner. Sie haben Kunden in ganz Deutschland und darüber hinaus. Auf ihren Reisen konnten sie viele Beobachtungen zu den Auswirkungen der Klimakrise machen.

Was ist das eindrücklichste Bild, was Ihnen bei dem Thema im Gedächtnis geblieben ist?

2010, als in der Julidürre mein Wildpflanzendach komplett vertrocknete (Bild siehe Seite 22). Heu am Stiel. Vorher hatte ich es in Notzeiten immer nachts gewässert, jetzt aber bewusst nicht mehr. Ich wollte sehen, was passiert: Wie können unsere Wildpflanzen mit Extremen umgehen?

Waren Ihre Beobachtungen zufällig oder haben Sie gezielt bestimmte Orte aufgesucht?

Bis 2018 habe ich das bis auf die vier Systemabstürze auf dem Wildpflanzendach mehr oder weniger zufällig beobachtet. Als ich dann aber im selben Sommer nach Dresden kam, fiel es mir

Dachbegrünung in Dürrezeiten

wie Schuppen von den Augen. Der Alaunpark, mehrere Hektar große Schurrasenflächen, war eine Staubwüste. Drei Monate kein Regen und das System der konventionellen Gartengestaltung versagte auf ganzer Linie. Die nächsten Beobachtungen waren dann gezielt: die Ostseeküste, das Erzgebirge, Projekte im Rheingraben, viel in Mittel- und Oberfranken. Immer auf der Suche nach den Auswirkungen von extremer Witterung. Die Fahrt 2019 ins Burgenland und nach Niederösterreich lieferte weitere Bilder und Erkenntnisse: erschreckend, erhellend und weiterführend. Sie vervollständigten das Bild: Was zurzeit erst und nur an Extremstandorten passiert, wird bald auch woanders möglich sein, wo es derzeit noch mehr regnet.

Warum sind naturnahe Anlagen zukunftsfähiger als konventionelle?

Viele Gründe, auf die ich hier nicht alle eingehen kann. Die beiden wichtigsten: 1. Heimische Pflanzen, die sich aussäen können. 2. Wir haben in unserer Flora viele wärmeliebende Arten, die mit Hitzekatastrophen umgehen.

Haben Sie Lieblingspflanzen, auf die wir in Zukunft vielleicht verzichten müssen?

Eigentlich nicht. Wir Naturgärtner sind ja sowieso nicht so mit Moor- und Torfgärten und dem dazugehörigen, feuchtigkeitslechzenden Sortiment verbunden. Da wird es am engsten werden. Auch reine Rasenflächen sind unser Ding nicht. Wechselflor ebenso nicht. Durch geschickte Planung, durch Regenwasserversickerung und -zurückhaltung sowie eine entsprechende Bepflanzung passender Arten können wir aber sehr viel für feuchtigkeitsliebende Pflanzen tun, die jetzt Schwierigkeiten bekommen können. Da sind wir der grünen Branche meilenweit voraus.

Wegerich-Natternkopf

Und Lieblingspflanzen, die Sie in Zukunft häufiger verwenden werden?

Hier weitet sich unser Blick nach Südosteuropa, da sind viele interessante Arten dabei für die Zukunft. Ein Beispiel ist der Wegerich-Natternkopf, den wir gerne bei Ansaaten in heißen Gebieten und auf trocken-heißen Standorten verwenden.

Was müssen wir bei der Anlage von Gärten und Grünflächen beachten, damit nichts schiefgeht?

Da gibt es einige wichtige Prinzipien. Um nur drei zu nennen: Das erste heißt Strukturvielfalt, das zweite Lebensraumvielfalt, das dritte Artenvielfalt der Pflanzen.

Und wie sieht eine »klimafeste Pflege« aus?

Weniger Mähen zum Beispiel. Das Gras wird ja nicht mehr so hoch und massig. Außerdem wandern gerade wärmeliebende Unkräuter ein, die für uns neu sind, die wir aber kennen müssen.

Was antworten Sie Kunden, die aufgrund der Klimaerwärmung lieber asiatische, afrikanische oder australische Arten pflanzen?

Das ist der Irrweg. Wir haben genug mitteleuropäische Arten bei uns, die hitzetolerant sind. Dazu kommt ihre direkte, auch noch tierökologisch interessante Verwandtschaft aus Südost- und Südeuropa. Aber Pflanzen aus Asien, Amerika, Afrika oder gar Australien sind der Horror für unsere Tierwelt. Und sie bringen große Gefahr, invasiv zu sein oder zu werden. Dazu gibt es reichlich Beispiele.

Der Landnutzungswandel ist zurzeit noch der Hauptgrund für den Rückgang der Biodiversität, links die artenreichen Magerrasen des NSG Garchinger Heide, rechts biodiversitäts- und klimaschädigender Maisanbau

Auswirkungen auf die Biodiversität

Die Klimakrise als zusätzliche Bedrohung der biologischen Vielfalt

Nicht nur uns Menschen befördert die Klimaerwärmung in eine neue Welt, die gesamte belebte Natur, also das, was wir Biodiversität nennen, ist neuen Bedingungen ausgesetzt. Und das in einer Zeit, in der sie durch schädigende Einflüsse von industrialisierter Landwirtschaft, Zersiedlung und Überdüngung sowieso in Rekordgeschwindigkeit zurückgeht. Diese Faktoren werden noch einige Zeit der Hauptgrund für den enorm schnellen Rückgang der biologischen Vielfalt sein, aber der Einfluss der Klimakrise wird von Jahr zu Jahr größer. Insgesamt ist die Klimakrise nur eine von mehreren menschengemachten Veränderungen, die die Belastungsgrenzen unseres Planeten überschreiten (mehr dazu ab Seite 155). Die meisten dieser Einflüsse verstärken sich zusätzlich gegenseitig und befeuern so den Schwund der Biodiversität weiter.

↑ Bienenfresser und ↓ Gottesanbeterin kommen immer häufiger bei uns vor

→ Auch der Wiedehopf könnte zu den Klimagewinnern gehören

Während Kohlmeisen ↖ und Tannenmeisen ↗ immer früher brüten, ist dies beim Sperber nicht zu beobachten. Junge Meisen entgehen dadurch den eifrig jagenden Sperbereltern, haben aber selber weniger zu futtern, weil die auf frische Baumblätter spezialisierten Raupen noch früher erscheinen.

Nur: Klimawandel gab es immer, ist da nicht eine gewisse Elastizität von Arten und Lebensgemeinschaften zu erwarten? Das stimmt auf jeden Fall, Änderungen der Verbreitungsareale können in der Vergangenheit vielfältig nachgewiesen werden. Das wird meist »Wanderungen« genannt, wobei es sich eher um die Ausweitung des Areals an einem Rand des Verbreitungsgebiets und Verschwinden der Art an einem anderen Rand handelt. Nur Individuen an den Arealrändern wandern tatsächlich. Es ist zu erwarten, dass viele Arten ihr Areal nach Norden und Osten verlagern werden. Das bedeutet, wärmeliebende Arten »wandern« bei uns von Süden und Westen ein und kältebedürftige Arten »wandern« nach Norden und Osten ab. Dies ist ein relativ langsamer Vorgang. Zurzeit liegt die beobachtete Wandergeschwindigkeit bei 600 m im Jahr. Die Geschwindigkeit, die notwendig wäre, um die neuen Lebensräume rechtzeitig zu erreichen, kann errechnet werden. Dabei wird mithilfe von Klimamodellen untersucht, wann die Lebensraumqualität, die eine Art benötigt, wo auf dem Globus liegen wird. Die notwendige Geschwindigkeit der Arealverschiebung (»Wandergeschwindigkeit«), die so errechnet worden ist, liegt bei 1,3 bis 4 km im Jahr. Es ist also sehr unwahrscheinlich, dass alle Pflanzen- und Tierarten rechtzeitig ihre neuen Lebensräume erreichen werden.

Schnell zu sein, ist nicht immer hilfreich: Entkoppelungen

Nun können Arten in unterschiedlicher Geschwindigkeit ihr Areal verschieben. Manche Arten sind extrem schnell, vor allem mobile Tiere, die tatsächlich wandern können, wie das bei Schmetterlingen und Vögeln der Fall ist. Aber keine Art lebt für sich alleine, sie ist oft von anderen Arten abhängig. Und da kann es dann durch unterschiedlich schnelle Geschwindigkeiten zu Entkoppelungen kommen. So fallen zunehmend Brutzeiten von Vögeln und die frühsommerliche Massenvermehrung ihrer Nahrungstiere auseinander. Dies wurde zum Beispiel für Kohlmeisen und Trauerschnäpper nachgewiesen.

Sonnenröschen und Glockenblumen

Sonnenröschen-Bläuling

Aussterbeschuld

Wenn Arten keine ausreichend guten Lebensbedingungen mehr vorfinden, verschwinden sie in den seltensten Fällen plötzlich. Meist ist ja nur die Fortpflanzung nicht mehr in ausreichendem Maße möglich. Wer in besseren Zeiten geboren wurde, kommt noch irgendwie über die Runden. So führt die Klimakrise erst einmal zu einer scheinbaren Erhöhung der biologischen Vielfalt, denn die Arten, die demnächst verschwinden werden, die »Aussterbeschuld«, sind noch zusammen mit den schon neu zugewanderten Arten zu beobachten. Die zu langsame Wanderungsgeschwindigkeit und Entkoppelungen werden aber dazu führen, dass die biologische Vielfalt im Endeffekt drastisch sinken wird. Die Zuwanderer werden den Verlust also nicht ausgleichen können.

Ist eine evolutive Anpassung möglich?

Es gibt aber auch überraschende Beobachtungen. So verschob sich das Areal des Kleinen Sonnenröschen-Bläulings in Großbritannien nach Nordwesten, ohne dass dort seine Futterpflanze, das Dunkle Sonnenröschen *(Helianthemum nummularium* ssp. *obscurum)*, vorkam. Er nutzte stattdessen Geranium-Arten *(Geranium molle* und *dissectum)*, Arten, die auch südlicher vorkommende Populationen nutzen. Im Freilandexperiment zeigte sich, dass diese Wahl der Futterpflanzen genetisch bestimmt ist, denn die Tiere legten die Eier weiter an Geranium-Arten, selbst wenn Forscher Sonnenröschen dazupflanzten. Gewandert sind also nur die Exemplare, die diese genetische Information in sich trugen und in der ursprünglichen Population die seltenen Ausnahmen waren, die nicht an Sonnenröschen fraßen. Das heißt, eine Anpassung durch sogenannte »schnelle Evolution« ist dann möglich, wenn die genetische Information in der Population schon vorhanden ist. Für die Evolution neuer Eigenschaften, die ja viele Tausend Jahre dauert, verlaufen die Entwicklungen der Klimakrise sicherlich zu schnell.

Klimahüllen

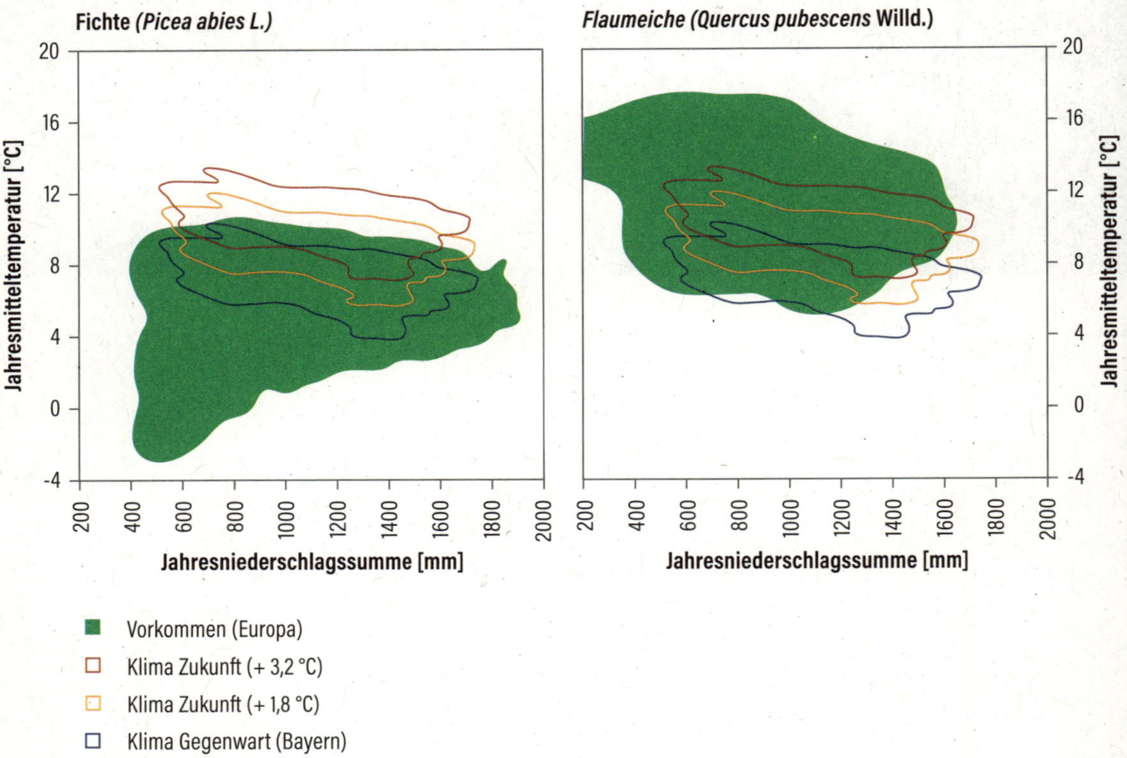

Klimahüllen für Fichte und Flaumeiche: Die grüne Fläche beschreibt alle möglichen Kombinationen aus Niederschlag und Temperatur, bei denen die Bäume gedeihen. Die Linien umschreiben die Klimabedingungen, die derzeit in Bayern herrschen, und solche, die wir je nach unserer Fähigkeit, die Klimakrise abzuschwächen, erleben werden. Es ist gut zu sehen, dass die Fichte bei uns keine Zukunft mehr hat, wohl aber die Flaumeiche, eine Art, die jetzt schon auf trockenheißen Standorten bei uns vorkommt.

Ein Team der Forstwissenschaften hat für die Bayerische Landesanstalt für Wald und Forstwirtschaft für die wichtigsten Waldbäume sogenannte Klimahüllendiagramme entwickelt. Dafür werden die Temperatur und der Jahresniederschlag, bei denen die jeweilige Art vorkommt, mit den zukünftig in Deutschland zu erwartenden Bedingungen verglichen. Das Ergebnis zeigt, dass vor allem die Fichte und wahrscheinlich auch die Kiefer wenig Zukunft haben werden, dass aber fast alle anderen einheimischen Baumarten, zumindest auf den meisten Standorten, zurechtkommen werden. Besonders gut passen die Klimahüllen von Hainbuche, Esskastanie, Esche, Traubeneiche, Flaumeiche, Vogelkirsche, Elsbeere, Mehlbeere, Feldahorn und Sommerlinde zu den zu erwartenden Klimabedingungen.

Neobiota mögen's warm

Die Klimaerwärmung wird uns mehr invasive Arten bringen

Nicht heimische Arten, die sich auch ohne Fürsorge des Menschen in der Natur ausbreiten, werden Neobiota genannt. Solche gebietsfremden Arten gehören oft zu den Gewinnern des Klimawandels, denn die allermeisten sind wärmeliebend. Ein besonders auffälliges Beispiel sind die Halsbandsittiche, die sich bei uns immer weiter ausbreiten.

Halsbandsittiche breiten sich in Deutschland aus

Mit der Einführung weit ab vom eigentlichen Vorkommensgebiet ist ein Effekt verbunden, der »*Parasite Release*« genannt wird: Auf dem Transport wandern die Parasiten einer Art, also ihre Nutzer, meist nicht mit. Neobiota verlieren so 90 bis 50 Prozent ihrer Nutzer und dies führt zu einer erhöhten Konkurrenzkraft und Vitalität am neuen Standort. Neobiota haben eine größere ökologische Nische, gerade weil ihr ökologischer Nutzen (die Funktion als Teil des Nahrungsnetzes) geringer ist. Wenn Neobiota sich so stark ausbreiten, dass sie die biologische Vielfalt schädigen, werden sie »invasiv« genannt. Das betrifft nur einen Bruchteil der Neobiota, ist aber weltweit eine der Hauptursachen für den Rückgang der Biodiversität.

Zwei Seiten einer Medaille

Der hohe ökologische Wert einheimischer Wildpflanzen und der *Parasite Release* sind also zwei Seiten einer Medaille. Durch die Jahrhunderttausende, ja Jahrmillionen dauernde gemeinsame Anpassung aneinander (Koevolution) gibt es zahlreiche Tierarten, die von unseren Pflanzen abhängig sind und die sie an ihrem Ort in den Nahrungsnetzen halten. Der geringe ökologische Wert nicht heimischer Pflanzen kann dazu führen, dass diese sich ungebremst ausbreiten können, weil es kaum Tierarten gibt, die sie fressen möchten. So haben Forschende in Nordamerika festgestellt, dass invasive exotische Pflanzenarten wesentlich weniger Blattschäden aufweisen als nicht invasive.

Ehemalige Dünenheide auf Wangerooge, völlig überwachsen mit Kartoffelrose *(Rosa rugosa)* aus dem nordöstlichen Asien

Hybridpappeln in der Halbwüste? Das Höhenwachstum ist eingeschränkt, aber ansonsten strotzen diese Exoten vor Gesundheit an einem Damm in Namibia, der sich nur alle paar Jahre einmal mit Wasser füllt.

Gartenabfälle in der freien Landschaft führen zur Ausbreitung von invasiven Neophyten, wie hier in einem Naturschutzgebiet im Rheinland

Vitalität ist verführerisch

Neophyten sind also vital und sehen super aus, weil es kaum Nutzer gibt, die an ihnen herumknabbern. Gerade deshalb werden sie als attraktive Gartenpflanzen wahrgenommen, aufgrund ihrer Ausbreitungskraft werden sie zudem gerne von Garten zu Garten verschenkt. Sie haben in der Regel auch hohe Wuchsleistungen. Besonders durchsetzungsstark sind die Arten, die über einen sogenannten »C_4-Stoffwechsel« verfügen. Pflanzen mit dieser Anpassung können das Sonnenlicht besonders effektiv nutzen. Deshalb sind sie auch die idealen »Energiepflanzen«. Dazu gehören zum Beispiel Chinaschilf *(Miscanthus)*, die Durchwachsene Silphie *(Silphium perfoliatum)* und der Blauglockenbaum *(Paulownia tomentosa)*. Aber gerade Konkurrenzstärke, Wuchskraft und Freiheit von Krankheiten sind die Voraussetzungen für die Invasivität einer Art. Einmal abgesehen davon, dass der Anbau von Energiepflanzen meist nicht zu einer CO_2-Einsparung führt, weil Ackerbau viel bodengebundenen Kohlenstoff freisetzt und der Stickstoffdünger zur Produktion von Lachgas durch das Bodenleben führt, können solche nicht heimischen Energiepflanzen eine erhebliche Gefahr für die biologische Vielfalt darstellen, wenn sie invasiv werden. Sowohl Chinaschilf als auch Blauglockenbaum werden in Deutschland als potenziell invasiv eingestuft, bei der Durchwachsenen Silphie wird in der Fachwelt diskutiert, inwieweit diese Art in Zukunft invasiv werden könnte.

Weit verbreitete Einförmigkeit

Weltweit führt das zu einer Angleichung der biologischen Vielfalt auf niedrigem Niveau. Immer mehr Arten kommen weltweit vor. Für Archäophyten (Pflanzen, die vor 1492 bei uns mithilfe des Menschen eingewandert sind) wurde im besiedelten Raum eine genetische Angleichung der innerartlichen genetischen Vielfalt nachgewiesen. Aber auch bei indigenen Arten, also solchen, die seit langer Zeit in Europa vorkommen, gibt es eine Vereinheitlichung. Spezialisierte Tierarten, zum Beispiel mit Anpassungen an bestimmte Nahrungspflanzen, haben ein größeres Risiko, auszusterben als Generalisten, Arten ohne solche speziellen Anforderungen an ihren Lebensraum, insbesondere die invasiven Neobiota unter ihnen. Dieser Effekt wurde sogar in Naturschutzgebieten nachgewiesen.

Schade um die einheimischen Arten, aber ist eine Welt mit der prächtigen Vitalität der Neobiota nicht auch eine mögliche? Auch wenn wir uns daran wohl gewöhnen müssen, ist das leider zu kurz gedacht. Die »neuartigen Ökosysteme«, in denen nur wenige invasive Pflanzenarten vorkommen, zeichnen sich durch Artenarmut auch bei den Tierarten und sehr einfache, »weite« Nahrungsnetze aus. Die Ökosystemleistungen dieser neuartigen Ökosysteme sind geringer als die der verdrängten ursprünglichen und artenreicheren Ökosysteme.

Je artenreicher eine Blumenwiese ist, desto mehr Kohlenstoff wird im Boden gespeichert

Ökosysteme mit hoher Biodiversität zeichnen sich in der Regel durch eine größere Vielfalt an nutzbringenden Eigenschaften aus, das hat das sogenannte »Jena-Experiment« des Helmholtz-Zentrums für Umweltforschung eindrücklich gezeigt (siehe dazu auch Seite 45). Je mehr Pflanzenarten auf einem Wiesenstück wachsen, desto höher sind die Kohlenstoffspeicherung im Boden und die Vielfalt an Bodenleben. Auch die Anfälligkeit gegenüber Pflanzenkrankheiten ist in artenreichen Beständen geringer.

Der höhere Gehalt an Kohlendioxid in der Atmosphäre kann die Widerstandskraft von Pflanzen gegenüber Herbiziden erhöhen; abgesehen von den allgemein aufgrund dieses Effektes zu erwartenden höheren Mengen an giftigen Stoffen in unserer Umwelt wird dies auch die Bekämpfung von invasiven Neophyten erschweren.

Neue invasive Arten verhindern

Alle, die einen Garten bewirtschaften, können sich daran beteiligen, das Risiko durch invasive Neophyten zu verringern. Schauen Sie doch einmal, ob in Ihrem Garten Arten wachsen, die von der Europäischen Union oder dem Bundesamt für Naturschutz als invasiv eingestuft werden, bei denen also nachgewiesen wurde, dass sie die biologische Vielfalt schädigen können. Diese Arten sollte am besten entfernt werden. Besonders aber die Arten, bei denen vermutet wird, dass sie sich in Zukunft invasiv verhalten könnten, sollten möglichst nicht gepflanzt werden. Denn während bei den meisten als invasiv eingestuften Arten die Ausbreitung schon so weit fortgeschritten ist, dass der Versuch, sie zu begrenzen, dem Kampf gegen Windmühlenflügeln ähnelt, haben wir bei den Arten, wo das noch nicht passiert ist, vielleicht noch eine Chance.

Invasive Arten erkennen

Informationen zur Invasivität nicht heimischer Pflanzen finden sich auf den Internet-Seiten des Bundesamtes für Naturschutz oder im »Neophyten-Handbuch«, das auf der Seite des NaturGarten e.V. kostenlos heruntergeladen werden kann (Adressen im Anhang).

Die meisten invasiven Neophyten stammen aus privaten Gärten, botanischen Gärten oder der Landbewirtschaftung. Die Verantwortung der Gärtnerinnen und Gärtner ist also sehr groß. Auf keinen Fall dürfen deshalb Gartenabfälle in der freien Natur entsorgt werden. Das ist nicht nur verboten, sondern auch einer der Haupteintragswege von neophytischen Arten in unsere Landschaften – wie das Beispiel aus Wangerooge (siehe Foto auf Seite 30) verdeutlicht.

Es sollte aber auch verhindert werden, dass invasive oder potenziell invasive Neophyten kommerziell angebaut werden. Dies betrifft die Douglasie, die vermehrt als Ersatz für die hitzeempfindliche Fichte aufgeforstet wird, oder die Amerikanische Gleditschie *(Gleditsia triacanthos)*, die als »Klimabaum« in den Städten gepflanzt wird.

Beispiel Hanfpalme

Ein eindrückliches Beispiel für neuartige Ökosysteme sind die am Südrand der Alpen entstandenen Hartlaubwälder. Hier breiten sich immergrüne Neophyten wie Kirschlorbeer und Chinesische Hanfpalme *(Trachycarpus fortunei)* aus. Die Korrelation der Ausbreitung der Hanfpalme mit der Anzahl der frostfreien Tage wurde von Gian Retho Walther und seinen Kolleginnen und Kollegen gezeigt.

Hanfpalme, Bambus und Kirschlorbeer als Unterwuchs im Tessiner Bergwald

In Erwartung des steigenden Meeresspiegels werden an der Nordseeküste die Deiche ertüchtigt und erhöht, hier: Hochwasserschutzwand auf Hooge

Die bewohnbare Hülle unseres Planeten wird dünner und kleiner

Überschwemmungen in besonders stark besiedelten Regionen

Je höher die globale Durchschnittstemperatur liegt, desto höher ist der Meeresspiegel. Vor drei Millionen Jahren, also vor »unserem« Pleistozän, in dem sich Eiszeiten und Warmzeiten regelmäßig abwechseln, lag er sechs bis dreißig Meter höher als heute, in der letzten Warmzeit, vor 125 000 Jahren, waren es sechs bis neun Meter. Aber Menschen haben immer schon bevorzugt die Küsten besiedelt. Viele besonders besiedelte Regionen liegen in der Nähe der Küsten und oft nur knapp über oder, wie im Fall der Niederlande und Norddeutschlands, durch Deiche geschützt, teilweise sogar unter dem Niveau des Meeresspiegels. Der zu erwartende Anstieg des Meeresspiegels bedroht in besonderem Maße diese dicht besiedelten Regionen der Erde. Dies wird noch durch die Absenkung der Landoberfläche verstärkt, die durch Grundwasserentnahme und Bodenverdichtung, aber auch durch Austrocknung von Mooren in stark besiedelten küstennahen Bereichen verursacht wird. Derzeit werden die Deiche Norddeutschlands erhöht, aber gerade Länder wie Bangladesch oder kleine Südseeinselstaaten haben weder die Flächen noch die Mittel, um Siedlungsgebiete von Millionen von Menschen vor Überschwemmungen zu schützen. Weil der Meeresspiegel in der Klimakrise der Elefant ist, der nichts vergisst (siehe Seite 160), wird selbst bei drastischem Rückgang der Kohlendioxid-Emissionen bis 2050 im Jahr 2200 fast ganz Ostfriesland von Überschwemmungen bedroht sein. Die natürliche Küstenlinie läge ohne hohe Deiche dann bei Aurich, das dann auf einer Halbinsel liegt, die sich weit in die Nordsee schiebt. Die Städte Rotterdam, Amsterdam, Emden, Wilhelmshafen, Bremen, ein großer Teil Hamburgs, aber auch Londons werden im überschwemmungsgefährdeten Bereich liegen. Auf der Internetseite der gemeinnützigen Nachrichtenorganisation Climate Central *(coastal.climatecentral.org)* können die Überschwemmungsrisiken jedes beliebigen Ortes bei den verschiedenen Szenarien recherchiert werden.

Ausbreitung der Wüsten trifft besonders die ärmere Bevölkerung

Während viele Landschaften in der Gefahr sind, im Wasser zu versinken, werden andere unerträglich heiß werden. Gerade die Subsistenzlandwirtschaft, also die Landwirtschaft, die als Erstes die Bauernfamilien ernährt und bei der nur hin und wieder Überfluss verkauft wird, ist von der Klimakrise besonders betroffen. Hitzewellen,

Samburu in Kenia – gerade die Menschen, die von der Subsistenzlandwirtschaft leben, sind von der Klimakrise besonders bedroht

deren Häufigkeit, Intensität und Dauer in den letzten Jahren zugenommen hat, und ausbleibender Regen führen zu Dürren. In vielen Ländern Afrikas ist jetzt schon die Viehzucht beeinträchtigt und in den Äquatorregionen sinken die Erträge an Mais und Weizen oder die Ernten fallen ganz aus. Auch die immer stärker werdenden Tropenstürme tragen durch ihre Zerstörungskraft und Überschwemmungen zur Bedrohung gerade der prekär lebenden Menschen bei.

Während also auf der einen Seite die bewohnbaren Flächen an den Küsten sich landeinwärts verlagern werden, werden sich in den tropischen und subtropischen Bereichen Wüsten ausbreiten und gerade im Tropengürtel große Landstriche unbewohnbar werden. Denn ab einer globalen Temperaturerhöhung von 7 °C wird es dort Regionen geben, in denen es für Säugetiere nicht mehr möglich sein wird, den Körper noch zu kühlen. Eine Temperaturerhöhung um 10 °C würde die bewohnbare Landfläche halbieren.

Noch mehr Fakten und Details zur Klimakrise finden Sie ab Seite 155.

Hilft es, Bäume zu pflanzen?

Pflanzen binden Kohlendioxid …

Pflanzen fangen die Energie der Sonne ein und machen sie so allen Lebewesen verfügbar. Mithilfe des Sonnenlichtes werden aus Kohlendioxid und Wasser Zucker und Sauerstoff. Damit ernähren die Pflanzen nicht nur sich selbst, sondern auch (fast) alle nicht pflanzlichen Lebewesen, sie liefern Nahrung und gleich auch noch den Sauerstoff, der gebraucht wird, um aus Nahrung die Energie für Wärme, Bewegung und Wachstum zu gewinnen. Das gilt übrigens auch für die Pflanzen selbst, auch sie brauchen Sauerstoff, um aus den Speicherstoffen die Energie für das Leben, für Wachstum und Bewegung zu gewinnen. Wenn das Leben einer Pflanze oder eines Tieres dann zu Ende ist, bleibt die in den toten Körpern eingefangene Sonnenenergie Nahrung für viele abbauende Arten. Am Ende ist dann der gesamte gebundene Kohlenstoff wieder zu Kohlendioxid veratmet worden und steht dem Kreislauf wieder zur Verfügung.

Dieser Kreislauf läuft nicht immer vollständig ab (siehe dazu Seite 156). Das führt dann zu einem Entzug von Kohlenstoff aus dem sich ewig drehenden System, wenn der Abbau organischer Masse nicht vollständig bis zur Freisetzung alles gebundenen Kohlendioxids abläuft. In den Sumpfwäldern des Karbons vor vielen Millionen Jahren bildeten sich so Schichten mit kaum abgebautem Pflanzenmaterial, aus ihnen entstand die Steinkohle. Am Grund der Meere wurden im sauerstoffarmen Milieu die absinkenden Algen nicht vollständig abgebaut und es entstand Erdöl. Braunkohle ist jünger und stammt aus den tropischen Wäldern des Tertiärs und ist meist älter als zwei Millionen Jahre. Fossile Brennstoffe sind also über Jahrmillionen gespeicherte Sonnenenergie. Ebenso wird der Kohlenstoff in den kalkhaltigen Schalen von Meereslebewesen eingelagert und im Kalkstein fossilisiert. (Es gibt auch nichtbiogenen Kalkstein, meist ist Kalkstein aber biogen). Durch die Verbrennung fossiler Brennstoffe oder durch die Freisetzung von CO_2 aus Kalkstein bei der Zementherstellung reichern wir unsere Atmosphäre mit Kohlenstoff an, der vor Jahrmillionen aus dem Kreislauf entzogen wurde.

… aber Pflanzen können keinen Kohlenstoff fossilisieren

Um den Kohlendioxidgehalt der Atmosphäre zu senken, müssten wir den Kohlenstoff dauerhaft und nicht nur vorübergehend entfernen, wir müssen ihn also »fossilisieren«. Mit Pflanzen ist das schlecht möglich, denn der in der Pflanze gebundene Kohlenstoff wird nach ihrem Absterben genauso wieder in den Kreislauf eingespeist wie der eines Tieres. Auch wenn jedes Kohlendioxidmolekül im Schnitt alle sieben Jahre in einem pflanzlichen Zucker gebunden wird, so wird der gespeicherte Kohlenstoff fast gänzlich bei Lebensprozessen in Pflanzen und Tieren verbraucht und nur ein verschwindend geringer Teil wird zu dauerhaft gebundenem Kohlenstoff. Dauerhaft gebunden bleiben im Schnitt pro Jahr nur ca. 2,6 Gt Kohlenstoff im Boden und in den Körpern der Pflanzen gespeichert, wobei die Bilanz je nach Situation

Versteinerte Schnecken und Korallen am Strand von Gotland

Was wir nicht sehen: Im Boden ist wesentlich mehr Kohlenstoff gebunden als oberirdisch und Grünlandböden speichern mehr Kohlenstoff als Waldböden

auch einmal negativ sein kann, denn Stürme, Trockenzeiten oder Waldbrände führen zeitweise zu einer sehr großen Freisetzung von Kohlendioxid. Zum Vergleich: Jedes Jahr verursachen wir Menschen zusätzliche 9 Gt Kohlenstoff, die aber nur zur Hälfte in der Atmosphäre verbleiben.

Es gibt also Kohlenstoffspeicher, die einen Teil des zusätzlichen Kohlendioxids, das wir in die Atmosphäre bringen, aufnehmen. Dazu haben auch die Landökosysteme beigetragen. Viele Forschende gehen davon aus, dass dieser Überschuss an gespeichertem Kohlenstoff vor allem daran liegt, dass die Fotosynthese der Pflanzen umso besser funktioniert, je mehr Kohlendioxid die Atmosphäre enthält. Ob dies in Zukunft weiterhin so sein wird, ist fraglich, weil die Klimaerwärmung eben auch zu mehr Prozessen führt, die Kohlendioxid freisetzen.

Der Einfluss des Wetters

Das Gleichgewicht zwischen Kohlendioxidbindung und Kohlendioxidproduktion eines Landökosystems hängt stark von den Wetterbedingungen ab. So hat der Hitzesommer 2003 in Europa die Kohlenstoffbindung, also den in Biomasse gebundenen Kohlenstoff, aus mehreren Jahren freigesetzt. Trockenheit, Hitzewellen, aber auch

Kälteeinbrüche und Starkregenereignisse setzen Pflanzen und Bodenleben unter Stress und sorgen dafür, dass mehr CO_2 freigesetzt als gebunden wird. Stürme haben wenig Einfluss auf die Kohlendioxidfreisetzung von Grasländern, wohl aber auf die der Wälder. Jedes Baumsterben, sei es nun durch Waldbrände oder Schädlinge, setzt Kohlendioxid überproportional frei.

Pflanzen können Kohlendioxid nicht »aufessen«

Der Gedanke, die Pflanzen könnten unser Klimaproblem lösen, indem sie das Kohlendioxid »aufessen« – und dann ist es weg –, ist einfach sehr verführerisch. Viele Menschen möchten heute Bäume pflanzen und es gibt genügend Anbieter auf dem Markt, die dieses Bedürfnis für ihre Zwecke nutzen. Sie machen ein Geschäft daraus, ein gutes Gewissen zu verkaufen, oder werben für sich, manchmal mit sehr fragwürdigen Mitteln. So machen Landwirte, die Mais anbauen, Werbung für den Mais als »CO_2-Acker« (siehe Foto eines Werbeschilds an einem Maisacker in Ostfriesland). Interessanterweise gibt es auf dem Schild als »Kleingedrucktes« die richtige Information, dass das CO_2 nur vorübergehend gebunden ist und dass bei der Bewirtschaftung des Feldes aus Maschinen, Dünger und dem Boden CO_2 freigesetzt wird. Die logische Folgerung, dass das im Mais gebundene CO_2 am Ende genauso freigesetzt ist wie das bei der Bewirtschaftung des Feldes entstehende, wird nicht gezogen, und die Überschrift sagt genau das Gegenteil. Da fehlen die Worte, wie diese Art, mit Fakten umzugehen, wohl zu nennen wäre.

← Kein Autofahrer, der schnell an diesem Schild vorbeifährt, kann das »Kleingedruckte« lesen ↑, das erläutert, dass beim Maisanbau Kohlendioxid nicht gebunden, sondern freigesetzt wird

Dürrezeiten schränken wie hier in Namibia weltweit die Möglichkeiten für eine extensive und biodiversitätsfördernde Viehhaltung ein

Wälder in nördlichen Gebieten erwärmen das Klima

Beim Verschwinden der Arktis (also des grönländischen Eisschildes und der vereisten Polkappe) spielt die höhere Absorption der Wärmeenergie der Sonne durch das geschmolzene Eis eine entscheidende Rolle. Eis reflektiert die Sonnenstrahlen stärker als Wasser, sind Teile des Eises geschmolzen, schmelzen die verbleibenden Eismassen noch schneller (mehr dazu auf Seite 161).

Nun beeinflussen auch Pflanzen die Reflexion bzw. Absorption von Wärmeenergie. Wälder erscheinen, wenn wir sie auf einem Satellitenbild betrachten, dunkel, denn sie absorbieren viel Licht und damit auch viel Wärmeenergie. Dass die Farbe der Erdoberfläche das Klima beeinflusst, war schon Humboldt klar (siehe Seite 14). Dieser Effekt ist umso stärker, je schräger das Sonnenlicht auftrifft, also je höher der Breitengrad ist. In Modellrechnungen zeigte sich, dass dieser rein physikalische Effekt den biologischen Effekt der Kohlenstoffbindung in den meisten Fällen zunichtemacht oder sogar in sein Gegenteil verkehrt. Das wurde für die Aufforstung von Trockengebieten nachgewiesen und auch für den Wechsel zwischen Eiszeiten und Warmzeiten in unserem Erdzeitalter: Das Verschwinden der Wälder in den Kaltzeiten verstärkt das Sinken der Temperaturen, eine Wiederbewaldung verstärkt die Erwärmung des Klimas. In den Tropen überwiegen die hohe Verdunstung der

Wälder und die damit verbundene abkühlend wirkende Wolkenbildung. Während Aufforstungen in den Tropen zu einem Temperaturrückgang führen, bewirken Aufforstungen in den gemäßigten Breiten eine Klimaerwärmung. Sogar bei einer Bewaldung der Sahara wird von einer Klimaerwärmung ausgegangen, weil die Sahara aufgrund der starken Wärmeabstrahlung erstaunlicherweise eine negative Wärmebilanz hat, also Wärme abgibt, statt Wärme zu speichern. Vor diesem Hintergrund ist es skandalös, dass die EU der ursprünglichen Idee der Regierung Bush folgt und die Klimaziele auch durch eine vermehrte Aufforstung erreichen will.

Nur Aufforstungen in den Tropen und Subtropen kühlen ab – der Erhalt der tropischen Regenwälder ist extrem wichtig

Aber ist es nicht einfach einsichtig, dass in einem Wald mehr Kohlenstoff gespeichert ist als auf einer Wiese? So viele Bäume sind da zu sehen, wo vorher Luft war, und selbst wenn sie vergehen und wieder nachwachsen, gibt es doch einen sichtbar höheren Kohlenstoffvorrat? Das stimmt schon, aber natürlich nur, wenn sich der Kohlenstoffvorrat im Boden nicht ändert. Vor allem stimmt das, wenn die entgegengesetzte Entwicklung, nämlich die Zerstörung der tropischen Regenwälder, betrachtet wird. Hier wird enorm viel CO_2 freigesetzt.

Baumschule in der Wüste

Modellrechnungen kommen zu dem Ergebnis, dass durch Aufforstung unbewaldeter Flächen einschließlich der Wüsten bis 2100 der Atmosphäre zwischen etwa 50 und 200 Gigatonnen Kohlenstoff (GtC) entzogen werden können. Die hohe Zahl von 200 GtC entstammt einer jüngeren, sehr öffentlichkeitswirksam vermarkteten Untersuchung der ETH Zürich, die von vielen Wissenschaftlern stark kritisiert wird. Wie auch immer, es ist nur ein geringer Anteil der bis 2100 zu erwartenden Kohlendioxid-Emissionen. Aufforstung trägt also nur in geringem Maße zum Entzug von Kohlendioxid bei und führt über die geringere Reflexion der einfallenden Strahlung (Albedo, siehe Seite 162) meist zu einer Erwärmung des globalen Klimas. Kohlenstoffbindung ist ja kein Selbstzweck, es geht um das Abbremsen der Klimaerwärmung.

Kleinräumig betrachtet, können Laubwälder aber durchaus abkühlend wirken, nur nicht global. Negative Auswirkungen von Aufforstungen auf die Biodiversität und auf den Wärmehaushalt der Erde können, vor allem in nördlichen Regionen, überwiegen. Die Klimakrise rechtfertigt auf keinen Fall die Aufforstung von wertvollen Biotopen. Völlig irrsinnig ist allerdings die Entwaldung in den Tropen mit der damit verbundenen enormen CO_2-Freisetzung zum Anbau von Energiepflanzen (Bioethanol), zumal allein die Lachgasproduktion aus den Stickstoffdüngern in ihrer negativen Wirkung auf das Klima die Einsparung fossiler Brennstoffe zunichtemacht.

Fraglos werden sich die auftauenden Permafrostböden wieder stärker bewalden, aus der Tundra wird Taiga. Das führt dann zu einem neuen Teufelskreis, denn der niedrigere Albedo-Wert (siehe Seite 162) beschleunigt die Erwärmung des Bodens und damit auch das Auftauen. Zusätzlich isolieren Moose und Flechten und höhere Schneelagen den Boden und halten damit die Wärme länger im Boden. Es gibt im Norden Russlands ein Beweidungsprojekt »Pleistozän-Park«, das untersucht, ob mit Beweidung diese positive Rückkopplung unterbrochen oder abgeschwächt werden kann. Durch die Beweidung werden Bäume verbissen und verschwinden genauso wie die Moose, die den Tritt der Tiere nicht aushalten. Gräser können sich auf dem nun gut besonnten Boden ausbreiten. Aus der mit Nadelbäumen bestandenen Taiga wird eine Tundra, eine Kältesteppe.

Immer mehr wird deutlich, dass eine natürliche oder extensive Beweidung nicht nur die Albedo von Landschaften erhöht, sondern gleichzeitig auch die Kohlenstoffspeicherung im Boden fördert. So wurde die Serengeti in Afrika wieder zur Kohlenstoffsenke, nachdem sich die riesigen Gnuherden wieder regenerieren konnten, die Verbuschung ging zurück und die Intensität der Feldbrände nahm ab. Die Bestände der Gnus waren durch die aus Asien eingeschleppte Rinderpest eingebrochen und konnten sich erst wieder erholen, als alle Hausrinder konsequent geimpft wurden.

Warum so viele Wälder brennen

In Wirtschaftswäldern gibt es viel Zunder. Gerade Stämme sind begehrt, deshalb werden Bäume sehr dicht gepflanzt. Schnell sterben die unteren Äste ab, das ergibt Wertholz ohne viele Astringe. Bei Nadelbäumen bleiben die toten Ästchen aber lange am Baum und wirken wie Brandbeschleuniger. Laubmischwälder ohne viel totes Material am Boden brennen nicht so leicht, am besten sind lichte beweidete Wälder vor Waldbränden geschützt, denn die Tiere sorgen dafür, dass zwischen den Bäumen grüne Gräser und Kräuter wachsen und es nur wenig leicht entzündliches Material am Boden gibt.

Im Hochmoor wird CO_2 fossilisiert: Ewiges Meer in Ostfriesland, ein noch einigermaßen intaktes Hochmoor

Der Boden bringt's

Was unter der Bodenoberfläche ist, können wir nicht sehen – und wie ein Kleinkind, das erstaunt ist, wenn ein »verschwundenes« Spielzeug, über das ein Tuch gelegt wird, immer wieder auftaucht, sind wir auch erstaunt, wenn wir erfahren, wie viel Leben unter der Erdoberfläche existiert. So haben die Wurzeln einer Pflanze im Boden oft eine größere Ausdehnung als die oberirdischen Teile. Früher ging man davon aus, dass ungefähr die doppelte Menge Kohlenstoff im Boden gebunden ist wiw oberirdisch, heute ist klar, dass das viel mehr ist. Während in der Landvegetation etwa 450 GtC mehr oder weniger dauerhaft gebunden sind, liegt der Wert für den Boden bei 1700 GtC, ist also fast viermal so hoch. (Mehr dazu auf Seite 156.) Böden und nicht der Bewuchs auf ihnen sind also der größte Kohlenstoffspeicher in den Land-Ökosystemen, sie sind daher aber auch, zumindest potenziell, eine bedeutende Quelle an CO_2. Zurzeit nehmen Wälder, Wiesen und Weiden in Europa mehr Kohlenstoff, auf als sie abgeben, Äcker dagegen geben mehr Kohlenstoff ab, als sie aufnehmen. Extensive Weiden sind, da die Tiere den Aufwuchs nicht vollständig nutzen und über den Tritt und die Ausscheidungen auch viel organische Masse in den Boden einbringen, besonders effektive Kohlenstoffspeicher.

Maisanbau bei Ostermoordorf in der Nähe des Ewigen Meeres (siehe gegenüberliegende Seite). Im Moor wird CO_2 gebunden, hier wird es freigesetzt.

Eine Untersuchung des Thünen-Instituts in Braunschweig zeigte, dass Grünlandböden in Deutschland mehr Kohlenstoff enthalten als Waldböden oder Ackerböden. Für Grünlandböden werden pro Hektar durchschnittlich 200 t organisch gebundener Kohlenstoff angegeben, für Ackerböden 101 t und für Waldböden 100 t (ohne Streuauflage). Untersuchungen in anderen Ländern kamen zu ähnlichen Ergebnissen. In Mexiko wurde nachgewiesen, dass eine Umwandlung von Wald in extensive Weiden die Kohlenstoffspeicher des Bodens nicht verringert. Viele Untersuchungen zeigen, dass eine extensive Beweidung die Kohlenstoffspeicherung des Bodens erhöht. Insbesondere wird der Kohlenstoff in tieferen Schichten und in stabileren Bodenbestandteilen gespeichert.

Aus den Untersuchungen im Jena-Experiment, wo auf Versuchsquadranten Blumenwiesen mit unterschiedlicher Artenzahl angelegt wurden, wissen wir, dass artenreiches Grünland eine insgesamt höhere Biodiversität auch im Boden unterstützt und mehr Kohlenstoff im Boden speichert als artenarmes.

Dieser Kohlenstoffspeicher im Boden wird mobilisiert und als Treibhausgas freigesetzt, wenn Wälder, Wiesen und Weiden zu Ackerland umgewandelt werden. Insbesondere der Anbau von (Energie-)Mais erschöpft den Kohlenstoffspeicher des Bodens schneller als der Anbau von anderen Pflanzen.

Borkener Paradies, Rest einer Waldweide: Auf den artenreichen Weiderasen wird Kohlenstoff gespeichert, daneben wird auf dem Maisfeld CO_2 produziert

Wenn wir bedenken, dass ein Großteil des Anbaus von Energiemais in Norddeutschland auf entwässerten ehemaligen Niedermoorböden stattfindet, dann wird klar, wie kontraproduktiv die Förderung der Biogasproduktion durch die EU war, zumal die Nutzungsintensivierung, die damit verbunden ist, auch die Biodiversität schädigt. Denn Moorböden übertreffen in ihrer Fähigkeit, Kohlenstoff zu speichern, alle anderen Böden um ein Vielfaches. Gerade in Hochmooren wird über die Torfentstehung Kohlendioxid tatsächlich »fossilisiert«. Die Renaturierung von Mooren ist eine der kostengünstigsten Maßnahmen, mit der der Klimakrise entgegengewirkt werden kann. Und die Erhaltung von Mooren ist eine der wichtigsten Maßnahmen, um eine weitere Verstärkung der Klimakrise zu verhindern. Denn 60 Prozent des in Mitteleuropa in der Biosphäre gespeicherten Kohlenstoffs sind in Mooren festgelegt und das Kohlendioxid aus entwässerten Mooren trägt zu einem Viertel zu den Treibgasemissionen der Landwirtschaft bei. Es ist geradezu unglaublich, aber die EU ist nach Russland und Indonesien der wichtigste Emittent von CO_2 aus Mooren. Es sollte inzwischen deutlich geworden sein, dass der Abbau von Torf, um ihn in den Gärten der reichen Länder zu vergraben, so bald wie möglich weltweit beendet werden muss. Auch die Verwendung und der Abbau von Torf sind Freisetzungen fossilen Kohlenstoffs und sollten zumindest in den Handel mit CO_2-Zertifikaten einbezogen werden, um die Folgen zu kompensieren.

Moore schützen
Interview mit Ute Ojowski, MoorFutures

***Ulrike Aufderheide:** Warum setzen Sie sich für die Vernässung von Mooren ein? Warum sind trockengelegte Moore so gefährlich für unser Klima?*
Ute Ojowski: Intakte Moore, oder mit anderen Worten nasse Moore, sind wahre Klimaretter. Sie sind die größten und effektivsten Kohlenstoffspeicher unserer Erde: In ihren Torfen speichern sie doppelt so viel Kohlenstoffdioxid (CO_2) wie die Wälder aller Kontinente. Dabei nehmen sie nur einen Flächenanteil von vier Prozent der Erdoberfläche ein, während die Wälder rund 30 Prozent bedecken. Daran lässt sich leicht ablesen, wie essenziell wichtig die Wiedervernässung der Moore für den Klimaschutz ist.

Trockengelegte Moore hingegen stoßen große Mengen an Treibhausgasen, hier vor allem CO_2, aus. Aktuell werden aus entwässerten Moorböden in Deutschland jährlich ca. 40 Millionen Tonnen CO_2-Äquivalente freigesetzt.

Ute Ojowski: Geschäftsführerin der Ausgleichsagentur Schleswig-Holstein GmbH und Geschäftsführendes Vorstandsmitglied der Stiftung Naturschutz Schleswig-Holstein

Wie verhindern Sie, dass in den Mooren langfristig Treibhausgase, wie beispielsweise Kohlenstoffdioxid und Methan, freigesetzt werden?
Nehmen wir das Beispiel des Königsmoores bei Rendsburg in Schleswig-Holstein. Die Fläche wurde seit dem 19. Jahrhundert nach und nach trockengelegt, um sie besser für land- und forstwirtschaftliche Zwecke zu nutzen. Die Stiftung Naturschutz Schleswig-Holstein konnte 1200 Hektar erwerben und die Fläche erst einmal aus der landwirtschaftlichen Nutzung nehmen. Im nächsten Schritt wurden bereits große, zusammenhängende Teilbereiche vollständig aus der landwirtschaftlichen Nutzung genommen und wiedervernässt. Mit großem Gerät, wie beispielsweise Baggern, wurden Wälle errichtet, die mehrere XXL-Badewannen, sogenannte Polder, bilden, die wiederum das Wasser in der Fläche halten, aber auch mit regelbaren Überläufen versehen sind. Und: Auch Drainagen und Rohre, die für die Entwässerung im Boden verankert waren, wurden mittels Baggerschaufel entfernt. Dadurch bleibt das Regenwasser in der Fläche und sorgt nach und nach dafür, dass die Torfmoose, die vereinfacht gesagt CO_2-Schlucker sind, wieder wachsen. Während sich die CO_2-Emissionen mit der Wasserstandsanhebung sofort stark verringern, steigt der Ausstoß von Methan in der Regel in den ersten Jahren nach Wiedervernässung eines Moores an und kann – insbesondere bei höherem Überstau der Fläche – auch höher sein als in natürlichen

Der fleischfressende Sonnentau deckt seinen Nährstoffbedarf durch Insektenfang

Zur Paarungszeit färben sich die Moorfrosch-Männchen blau

Mooren. Bedeutender ist jedoch, dass durch die Wiedervernässung von Mooren eine fast vollständige Reduktion der Kohlenstoffdioxid-Emissionen erreicht werden kann. Methan-Emissionen treten im Vergleich dazu in den Hintergrund, da Kohlenstoffdioxid mindestens 1000 Jahre in der Atmosphäre verbleibt, während Methan eine relativ kurze Lebenszeit von etwa 12 Jahren in der Atmosphäre aufweist.

Gibt es einen Preiswettbewerb unter den verschiedenen Anbietern von Kompensationsmodellen?
Der Preis pro Tonne CO_2 wird ermittelt durch die Kosten eines Projekts. Die Unterschiede der Preise beginnen schon mit den unterschiedlichen Flächenpreisen oder dem Aufwand für die Umsetzung des Projekts. Eine langfristig gesicherte Moorrenaturierung über mindestens 50 Jahre in Deutschland ist dementsprechend kostenintensiver als beispielsweise eine Biogasanlage aus Kuh-Dung in Kenia.

Kann sich jeder bei »MoorFutures« beteiligen?
Soweit Zertifikate zur Verfügung stehen, sind sie auf www.moorfutures-sh.de einfach zu erwerben.

Das erste Projekt hatte bis Anfang 2022 sehr viel Unterstützung gefunden, sodass die Zertifikate sogar zeitweise ausverkauft waren, inzwischen gibt es aber wieder ein Nachfolgeprojekt. Sie sind alle in das Stilllegungsregister eingetragen, das beim Ministerium für Energiewende, Klimaschutz, Umwelt und Natur Schleswig-Holstein hinterlegt ist und auch auf unserer Homepage veröffentlicht wird. Im Dezember 2022 ist das Nachfolgeprojekt gestartet.

Überprüfen Sie bei Ihren Projekten, wie viel Kohlenstoff tatsächlich gebunden wird, oder gehen Sie von Modellrechnungen aus?
Das Einsparpotenzial an Treibhausgas-Emissionen in Moor-Klimaschutzprojekten wird anhand des von der Uni Greifswald entwickelten und wissenschaftlich anerkannten GEST (Gas-Emissions-Standort-Typen)-Modells bewertet/bilanziert.

Die Klimawirksamkeit unserer »MoorFutures«-Projekte wurden entsprechend diesem Modell ermittelt und beträgt über die Projektlaufzeit von 50 Jahren beim abgeschlossen ersten Projekt fast 40 000 Tonnen und im zweiten Projekt 11 425 Tonnen CO_2-Äquivalente. Dies wird in regelmäßigen

Typischer Moorbewohner: das Wollgras

Abständen anhand eines Monitorings überprüft und anschließend gemäß »MoorFutures«-Standard durch die Christian-Albrechts-Universität zu Kiel und einer weiteren Hochschule aus dem wissenschaftlichen Beirat verifiziert.

Wie unterscheidet sich »MoorFutures« von anderen Kompensationsmodellen, wie beispielsweise »atmosfair«?

Durch den Kauf eines »MoorFutures«-Zertifikats aus dem Königsmoor können die eigenen unvermeidbaren CO_2-Emissionen ausgeglichen werden. Die Ausgleichsagentur Schleswig-Holstein ist ein 100-prozentiges Tochterunternehmen der Stiftung Naturschutz Schleswig-Holstein, die selbst Projektentwicklerin und Trägerin des Klimaschutzprojekts ist. Zudem plant und begleitet sie dieWiedervernässungsmaßnahmen. Wir sind für die Treibhausgaseinsparung im »MoorFutures«-Projekt direkt verantwortlich und bieten die zugehörigen Zertifikate am freiwilligen CO_2-Markt an.

Anbieter wie »atmosfair« fördern CO_2-Kompensationsprojekte auf der ganzen Welt, sind in der Regel jedoch nicht selbst Projektentwickler und Träger der Klimaschutzprojekte aus ihrem Angebot.

Torfmoose speichern Kohlenstoff

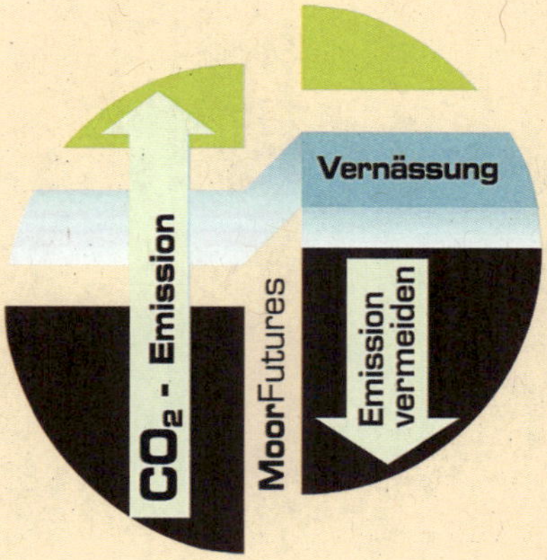

Bäume helfen, Städte abzukühlen

Die Rolle der Vegetation bei der Klimafolgenabschwächung

Bäume pflanzen hilft also weniger als gedacht, den Kohlenstoff, der in Erdöl, Erdgas und Kohle gebunden war und der jetzt als Kohlendioxid unser Klima erwärmt, wieder zurück unter die Erde zu bringen und die globale Klimaerwärmung abzuschwächen.

Die Vegetation, insbesondere die Grünflächen im besiedelten Raum, hat aber einen großen Einfluss auf das lokale Kleinklima. Um Kohlendioxid für die Fotosynthese aufnehmen zu können, müssen die meisten Pflanzen ihre Atemöffnungen am Tag offen halten. Daraus verdunsten sie ständig Wasser, was die Blätter, aber auch die Umgebungsluft abkühlt. Kühlung durch Verdunstung ist der Grund, warum für uns Menschen die trockene Hitze der Wüsten besser auszuhalten ist als die feuchte Hitze in tropischen Regionen – in der trockenen Hitze funktioniert unser eigenes Kühlungssystem, das Schwitzen, einfach besser.

Was gibt es Schöneres als den Schatten unter einem Baum?

Die Schülerinnen und Schüler dieses Gymnasiums in Bonn klagen über unerträgliche Hitze im Sommer. Das Gebäude darf aus Denkmalschutzgründen nicht gedämmt werden, die Verwaltung lehnte die Entsiegelung des Schulhofes ab.

Kunstrasenplätze versprechen »pflegeleichten« Rasen, weil ja nichts wächst, produzieren aber hohe Kosten, Mikroplastik und Sondermüll

Dabei zählt jede Atemöffnung, je mehr Blattmasse also auf einer Fläche ist, desto besser wird gekühlt. Der kurz geschorene Rasen kühlt schlechter als eine Blumenwiese oder ein Staudensaum. Bäume und Sträucher haben eine enorme Blattfläche und holen mit ihren Wurzeln das Wasser aus größeren Tiefen, sie sind deshalb besonders gute Kühlaggregate. Wir alle kennen das: Es ist viel unangenehmer, an einem heißen Sommertag über einen großen gepflasterten Platz zu gehen als über eine Rasenfläche in einem Park, auch wenn es dort genauso wenig Schatten gibt wie auf dem Platz. Und im Schatten der Bäume ist es dann besonders angenehm.

Hitzeinseln begrünen

Schon jetzt sind Städte und Dörfer viel wärmer als die umgebende Landschaft, denn hier ist ein Großteil der Flächen versiegelt. Häuser und Straßen nehmen viel Wärmeenergie auf und strahlen sie wieder ab, vor allem auch in der Nacht.

So entstehen die gefürchteten »tropischen Nächte« mit Temperaturen über 20 °C. Für Karlsruhe wurde prognostiziert, dass selbst bei einem moderaten Anstieg der globalen Temperatur die Anzahl der Hitzetage mit Temperaturen über 30 °C in der Innenstadt bis zum Ende des Jahrhunderts von 42 auf über 70 ansteigen wird, während es zurzeit im nicht so stark versiegelten Umland 17 Hitzetage gibt und dort dann 41 Hitzetage zu erwarten sind. Die Zahl der Tropennächte wird in der Stadt von neun auf 36 steigen, im Umland von einer auf ungefähr zehn. Wir werden also demnächst im Umland einer Stadt das Klima haben, das wir zurzeit in der städtischen Hitzeinsel haben, und in den Städten das Klima einer Stadt in einer anderen Klimazone. Abkühlung dieser Hitzeinseln ist also dringend notwendig. Vor allem gesundheitlich gefährdete Personengruppen, Senioren und Kleinkinder müssen geschützt werden.

Vorgarten des Grauens

Das wichtigste Instrument dazu sind Pflanzen, wir brauchen intensiv durchgrünte Städte, wo bei jeder versiegelten Fläche geprüft wird, wie hier doch noch Verdunstung ermöglicht werden kann. Auf Satellitenbildern von Städten sehen wir meist Dächer, Straßen, sehr viel Parkplätze, versiegelte Schulhöfe und viele, inzwischen meist mit Kunstrasen belegte Sportplätze.

Mehr Grün für Städte und Dörfer

Das Potenzial ist riesig: Dächer und Fassaden können (und müssen) begrünt werden, untergeordnete Verkehrsflächen, wie nur selten befahrene Wege und Plätze und Zufahrten, versickerungsoffen und begrünt umgestaltet werden, die riesigen Parkflächen für den ruhenden Verkehr sollten verkleinert und unter die Erde gebracht werden, sodass darauf Grünflächen entstehen können. Die Verkehrswege, die dann noch übrig bleiben, brauchen genügend Bäume, die Schatten werfen und Verdunstung ermöglichen. Die sowieso schon in den meisten Landesbauordnungen verbotenen versiegelten »Vorgärten des Grauens« mit Steinschüttungen auf Plastikfolie müssen auch sozial unmöglich werden. Auch für den Sport genutzte Flächen wie Fußballplätze müssen in die Planungen für klimafeste Kommunen einbezogen werden. Statt pflegeintensive und teure Kunstrasenplätze zu bezuschussen, sollte die Anlage von Rasenplätzen gefördert werden. Das hätte weitere Vorteile: Als Füllmaterial in den Kunstrasenplätzen wird oft Granulat aus Altreifen eingesetzt. Eine Systemanalyse des Fraunhofer-Instituts hat ergeben, dass jeder Kunstrasenplatz im Jahr drei Tonnen Plastik freisetzt. Das entspricht dem Gewicht von drei Kleinwagen. Die ansonsten teuer zu entsorgenden Altreifen werden hier klein geschreddert wieder verkauft und entsorgt, indem die Sporttreibenden sie gleichmäßig in unserer Umwelt verteilen.

Das alles aber nützt nichts, wenn der Boden gar kein Wasser enthält, was die Pflanzen nach oben bringen könnten. Regen bringt Segen und keine Stadt und kein Dorf darf in Zukunft das wertvolle Gut Regenwasser per Kanalisation verlieren. Wie in einem Schwamm muss das Wasser im Boden und im Grundwasser gespeichert werden, damit es in Hitzeperioden zur Abkühlung des Kleinklimas dienen kann (siehe Seite 104).

Kühler Kopf in einer heißen Zeit – klimaangepasste Stadt- und Grünflächenplanung

Die ungebremste Bebauung von Freiflächen muss endlich gebremst werden. Viele Städte untersuchen schon, wo eigentlich in der Nacht kalte Luft entsteht beziehungsweise woher sie in die Stadt weht. Kaltluft fließt meist in Tälern nach unten, also dürfen solche Täler nicht durch Bebauung abgeriegelt werden. Eine weitere Quelle von Kaltluft sind große Freiflächen, wie in Berlin das Tempelhofer Feld. Auch in anderen Städten sind Flugplätze und (ehemalige) Truppenübungsplätze oder landwirtschaftlich genutzte Flächen wichtige Kaltluftentstehungsgebiete. Meist gibt es einen großen politischen Druck, solche Freiflächen innerhalb von Städten zu bebauen. Das muss verhindert werden, wenn es sich um Kaltluftschneisen oder Kaltluftentstehungsgebiete handelt.

Große Wasserflächen wirken weniger abkühlend, da sie die Wärme des Tages speichern und nur wenig verdunsten

Die dichte Bepflanzung eines Uferrandes mit hohen Stauden kann viel Wasser verdunsten und damit das Kleinklima abkühlen

Große Parks und Freiflächen sind wichtige Kaltluftschneisen (Englischer Garten in München)

Halboffene Flächen sind besonders effektiv

Hiermit wird deutlich: Es geht nicht darum, aus unseren Städten Wälder mit Häusern im Unterholz zu machen. Auch offene Flächen sind wichtig. Das wurde bei einer Untersuchung in Dresden auch nachgewiesen: Ein geschlossenes Kronendach ist für die nächtliche Abkühlung nach einem heißen Tag eher ungünstig. Hier staut sich die Wärme des Tages unter dem dichten Blätterdach wie auf einer Terrasse, die von einer Markise beschattet wird. Besonders günstig sind dicht bepflanzte Flächen, die aber noch genügend Rasen, Wiesen und Staudenbeete enthalten, sodass in der Nacht die Hitze des Tages abgestrahlt werden kann und auch ein kühlender Wind die Flächen erreicht.

Besonders effektiv sind natürlich Flächen, die lange Zeit einen feuchten Boden haben, also gut bewachsene Ufer von Wasserläufen, Teichen und Seen. Die Wasserkörper selber speichern leider die Wärme des Tages, nicht unähnlich einer versiegelten Fläche, und verdunsten wenig. Die Oberfläche von Sumpfpflanzen ist einfach viel größer als die Wasseroberfläche. An den Blättern einer üppig bewachsenen Randzone kühlt sich das Kleinklima ab. In verlandenden Teichen kommt es sogar zu einer Art »Niedermoorbildung«, wo die nicht vollständig abgebauten organischen Materialien tatsächlich Kohlenstoff wieder fossilisieren können, ähnlich wie in Mooren.

Selbst aktiv werden: **Tiere pflanzen**

Eichelhäher & Eiche

Der Baumschuler unter den Vögeln

Das Keckern und Krächzen der Eichelhäher im Garten alarmiert nicht nur die anderen Singvögel. Auch wir laufen dann oft in den Garten und vertreiben die hübschen Rabenvögel, weil wir wissen, dass sie junge Singvögel erbeuten. Merkwürdig, dass niemand Eichhörnchen vertreibt, die sich auch in Singvogelnestern bedienen. Wer öfters Eichelhäher im Garten hat, darf sich jedes Jahr über die vielen Eichenjungpflanzen wundern, die im Garten keimen, obwohl die nächste Eiche weit entfernt steht. Und tatsächlich sind Eichen in ihrer Verbreitung genauso auf Eichelhäher angewiesen, wie die Eichelhäher sich zu einem großen Teil von Eicheln ernähren.

Die Häher arbeiten als besonders sorgfältige »Baumschuler«. Sie sammeln die Eicheln nämlich nicht unten am Boden auf, sondern ernten sie zum richtigen Zeitpunkt oben im Baum. Frei stehende Eichen werden besonders gerne beerntet, denn diese tragen eine wesentlich reichere Ernte als Eichen im Wald. Die Vögel untersuchen die Eicheln sorgfältig nach Anzeichen, ob sie von Rüsselkäfern oder anderen Pflanzenfressern bewohnt sind, und nehmen nur nicht parasitierte, keimfähige Samen auf. Diese werden dann meist einzeln im Boden versteckt, und zwar bevorzugt in kürzerer Vegetation in der Nähe einer Landmarke wie einem Stängel oder einem Gebüsch. Damit finden die Jungeichen den perfekten Ort zum Keimen, denn spätestens nach zwei Jahren brauchen sie viel Licht, um aufwachsen zu können. Und am Rande von Dornsträuchern finden sie Schutz vor den Tieren, die die Flächen offen halten, Kühen, Schafen, Pferden, aber auch Wildtieren. Im dichten Wald gibt es deshalb keinen Eichennachwuchs.

Die gegenseitige Förderung geht sogar noch weiter: Viele Samenverstecke werden erst dann wieder von den Eichelhähern besucht, wenn die Eicheln schon ausgetrieben sind, dann pflücken die Häher nur die beiden Keimblätter ab, die Jungpflanze selbst überlebt das in vielen Fällen. Versuchen Sie doch einmal eine junge Eiche aus dem Boden zu ziehen, es wird Ihnen auch bei ganz kleinen Pflanzen nicht gelingen, die Pflanzen verankern sich von Beginn an sehr tief und fest.

Die starke Keimwurzel führt aber auch dazu, dass eine Eiche nur dann ihr arteigenes Wurzelsystem entwickeln kann, wenn sie gesät und nicht gepflanzt wird. Generell führt das Pflanzen von älteren, mehrfach in der

Eichelhäher

Frei stehende Eichen sind ein sehr artenreicher Lebensraum

Baumschule umgepflanzten Bäumen dazu, dass viele Arten sich nicht mehr tief und fest verwurzeln. Damit leiden sie in Trockenperioden früher und stärker unter Wassermangel. In Parks sollten deshalb Bäume, wo das möglich ist, besser gesät und nicht gepflanzt werden. Wenn es gestalterisch passt, sollten wir also eine Eichelhähersaat zum Baum werden lassen. Wir müssen den Sämling dann nur mit einem Pflock und einer Drahthose vor Freischneidern, Fußbällen und Kaninchen schützen.

Kaum eine Pflanze wird von so vielen Tieren genutzt wie eine frei stehende Eiche. In der europäischen Datenbank »Bladmineerders« sind 468 Arten Krabbeltiere gelistet, die an lebenden Blättern, Samen, Wurzeln und Trieben fressen, dazu kommen noch die vielen Tiere, die im und vom Totholz leben wie Hirschkäfer oder die Wildbienen, die in verlassenen Bockkäfergängen brüten oder an den Blüten Pollen sammeln (acht Arten), und die vielen Vögel, die ebenfalls Eicheln fressen (28 Arten) oder in Eichen nisten. Jede Eiche ist ein Lebensraum für sich. Natürlich passt sie nicht in kleine Gärten, ausgewachsen wird sie im Laufe von Hunderten von Jahren 40 – 50 m hoch und gerne ebenso breit, der Stammdurchmesser kann bei uralten Bäumen bis zu 10 m betragen. Solche Methusalem-Eichen sind extrem wertvolle Lebensräume und sollten keinesfalls gefällt werden. Alt werden Eichen aber nur, wenn sie frei stehen, im Wald werden sie von Rotbuchen oder Hainbuchen schnell überwachsen und verkümmern. Halboffene Stadtparks kühlen das Kleinklima effektiv ab und sind gleichzeitig ein besserer Lebensraum für Eichen und viele der von ihnen abhängigen Tiere als ein dichter Wald.

Der Werkzeugkoffer ist längst gepackt: der Naturgarten als Teil der Lösung

Arkadien gewinnt: schöne naturnahe Gärten und Grünflächen

Naturnah gestaltete Grünflächen sind eine riesige Chance angesichts der Klimakrise. Es ist ja schon erstaunlich, dass es immer die halboffenen, naturnahen Flächen sind, die besonders vorteilhaft sind, egal, ob die Förderung der biologischen Vielfalt oder die Anpassung an die Klimakrise betrachtet werden. Wir lieben solche halboffenen Flächen mit kurzrasigen Flächen, höheren blütenreichen Bereichen, Strauchgruppen und großen Bäumen. Jahrtausendelang waren sie in der europäischen Landschaft weitverbreitet, weil das Vieh eines Dorfes oder einer Stadt von Hirten auf den Gemeinschaftsweiden und in Wäldern gehütet wurde. Das vermeintlich arbeitsarme, glückliche und natürliche Leben der Hirtinnen und Hirten wurde schon in Griechenland idealisiert und mit der realen kargen und beweideten Karstlandschaft »Arkadien« in Verbindung gebracht. Goethe und andere Dichter der Klassik und Renaissance spannen weiter an diesen Bildern. Auch die Gestalter englischer Landschaftsparks versuchten, arkadische Landschaftsbilder zu schaffen. Damit imitierten und konservierten sie die halboffene Weidelandschaft just zu der Zeit, in der sie verschwand. Im achtzehnten und neunzehnten Jahrhundert wurden nämlich die Gemeinschaftsweiden in Einzelparzellen aufgeteilt, die nur noch einer Familie gehörten, die Jahrtausende alte Beweidung von Wäldern wurde verboten. Warum aber gefallen uns diese Landschaftsbilder so sehr? Das liegt wohl daran, dass der frühe Mensch als Art besonders an das Leben in der Savanne mit ihren Grasflächen, Strauchgruppen und einzeln stehenden Bäumen angepasst ist. Und ausgerechnet diese von uns als schön empfundenen Flächen stellen sich in der Klimakrise als besonders vorteilhaft heraus, sie sind also schön und nützlich. Wobei der Gleichklang

← Organische Parkgestaltung in der Naturarena Wesel

Halboffene Landschaften sind besonders artenreich

von Schönheit und Nützlichkeit immer schon ein grundlegendes ästhetisches Ideal der Gartengestaltung war. Damit ist eine naturnahe Gestaltung von Gärten und Grünflächen eine exemplarische naturbasierte Lösung *(NBS – Nature Based Solution)*. Warum ist das so?

In der freien Landschaft ist auf halboffenen Flächen mit ihrer großen Vielfalt an Lebensräumen auch die biologische Vielfalt am höchsten.

Das ist sicherlich einer der Hauptgründe, warum inzwischen Städte und Dörfer oft eine höhere biologische Vielfalt beherbergen als die umgebende Landschaft. Wir stellen auf unseren Grünflächen die Strukturen her, die uns besonders gut gefallen, und genau diese Strukturen sind besonders anziehend für viele Tiere. Mit diesem Pfund können wir wuchern.

Im Naturgarten erwecken wir das ästhetische Ideal jeder Gartengestaltung, die gute Mischung aus Rasenflächen, Blumenbeeten, Strauchgruppen und Bäumen, nicht nur im übertragenen Sinne, sondern sehr konkret zum Leben.

Wenn wir unsere Grünflächen noch besser auf die Förderung der Biodiversität ausrichten, können sie zu wichtigen Überlebensinseln werden. Und das ist unabhängig vom Stil der Gestaltung. Die »gute Mischung aus allem« kann wild, in organischen Formen oder gerade und modern mit vielen spitzen Winkeln gestaltet sein, den Tieren ist das herzlich egal, wenn nur einige grundsätzliche Eigenschaften biodiversitätsfördernder Flächen beachtet werden.

Unser Werkzeugkasten

Wir brauchen nur drei Werkzeuge:

- Wir bevorzugen bei der Bepflanzung einheimische Wildpflanzen.
- Auch bei Pflegemaßnahmen fördern wir die biologische Vielfalt.
- Wir bauen Funktionsflächen wie Wege, Plätze, Dächer, Wände, Mauern, Bänke immer so, dass sie nicht nur für uns, sondern auch möglichst vielen Tieren und Pflanzen zum Lebensraum werden.

Untersuchungen haben gezeigt, dass Flächen mit höherer Biodiversität als schöner empfunden werden und auch in besonderem Maße die Gesundheit der Menschen fördern.

Naturnahe Gestaltungen bekommen also plötzlich eine Bedeutung, die bei ihrer Entwicklung in den letzten einhundert Jahren noch nicht vorhersehbar war. Was die Pioniere und Pionierinnen der Naturgartenbewegung entwickelt haben, um die biologische Vielfalt zu fördern, das zeigt in der Klimakrise einen zweiten Nutzen, weil naturnah gestaltete Grünflächen besonders gut zur Abkühlung des Kleinklimas beitragen, verantwortungsvoll mit unseren Wasservorräten umgehen und in der Regel die Kapazitäten des Bodens, Kohlenstoff zu speichern, erhöhen.

Formale Parkgestaltung

Selbst aktiv werden: **Tiere pflanzen**

Wiesen-Pippau & Pippau-Bohrfliege

Wohl denen, die schnell erwachsen werden

Pippau-Bohrfliege

Dass die Entstehung neuer Pflanzenarten in der Regel mehrere Hunderttausend bis Millionen Jahre dauert, schließt nicht aus, dass manche Arten erst »vor Kurzem« entstanden sind. Der goldgelb blühende, bis 1,20 m hohe Wiesen-Pippau *(Crepis biennis)* könnte so ein Fall sein.

Die heute hauptsächlich in Blumenwiesen vorkommende Art ist wahrscheinlich erst vor ungefähr 4000 Jahren im südlichen Europa durch die Kreuzung zweier Elternarten entstanden. Genau wie beim Glatthafer, der Charakterart der Blumenwiesen, kann er erst seit dem Mittelalter in größeren Beständen nachgewiesen werden, und erst seit Mitte des achtzehnten Jahrhunderts, mit dem Ende der gemeinschaftlichen Beweidung der Landschaft, kam es zu einer starken Ausbreitung. Der zweijährige Wiesen-Pippau ist jedenfalls gut an den Schnitt traditioneller Heuwiesen angepasst. In einigen Landschaften blühen die Pflanzen relativ früh, die Blütenstiele fangen Ende April an, in die Höhe zu wachsen, in anderen Landschaften beginnt das Wachstum der Blütenstiele erst Anfang Juni. Damit gibt es Populationen, die hauptsächlich vor dem ersten Grasschnitt blühen, und solche, die erst danach zur Blüte kommen. Aber wie kommen die Tiere, die im Wiesen-Pippau leben, mit der Heumahd zurecht?

Allein in den Blüten des Wiesen-Pippaus fand der Augsburger Ökologe Herrmann Stickroth 37 Insektenarten, 17 davon ernähren sich von der Pflanze selbst, sind also »herbivor«, beispielsweise die Pippau-Bohrfliege. Die restlichen 20 befallen die Pflanzenfresser und fressen sie, meist von innen, auf. Solche Arten, die ihre Wirte töten, werden »Parasitoide« genannt. 65 Prozent dieser Parasitoide leben von nur drei herbivoren Bohrfliegenarten, wobei die Pippau-Bohrfliege *(Tephritis crepidis)* in den früh blühenden Populationen des Wiesen-Pippaus der vorherrschende Pflanzennutzer ist. Dort finden sich in 100 Blütenköpfen bis zu 300 Bohrfliegenlarven. Die Bohrfliegenweibchen legen ihre Eier in den Blütenboden der Pippau-Pflanzen, die Larven fressen dann aber hauptsächlich in den Blüten und den Samenanlagen. Dort verpuppen sie sich auch, schlüpfen und überwintern dann als erwachsenes Tier. Beide, der Wiesen-Pippau und die Pippau-Bohrfliege, sind nun darauf angewiesen, dass die Pflanze nicht vor der Samenbildung geschnitten wird, denn um weiter in der Wiese wachsen zu können, muss sich der Pippau aussäen können und auch die Bohrfliege schlüpft erst nach sieben bis acht Wochen, um die Zeit der Samenreifung. Damit der Wiesen-Pippau und die von ihm abhängigen Insektenarten weiter in den Wiesen leben können, darf die Wiese also erst ab Mitte/Ende Juni geschnitten werden. Die Pippau-Bohrfliege hat das Glück, dass sich die Larven schnell entwickeln und sofort schlüpfen. Die vielen Arten, deren Puppen in den trockenen Stängeln auf das nächste Jahr warten, haben natürlich weniger Chancen. Für diese Arten sind Blumenwiesen heute ökologische Fallen. Und heute, wo viel häufiger gemäht wird als früher, können sich auch der Pippau und seine Bohrfliege kaum noch in Wiesen halten. So wird es verständlich, dass Pippau-Pflanzen in seltener gemähten Säumen und Brachen von wesentlich mehr Tieren besiedelt werden als ihre Verwandten in den Wiesen.

In Gärten und auf Grünflächen haben wir nicht den wirtschaftlichen Druck, den Landwirte heute haben, nämlich möglichst viel zu produzieren und häufig zu mähen. Im besiedelten Raum können wir die Flächen so pflegen, dass die Koevolution vom Wiesen-Pippau und seinen Nutzern weiter eine Chance hat. Andererseits sehen wir aber auch, wie langsam die Evolution voranschreitet. Ob wir der Natur genug Zeit dazu lassen, auf die Klimakrise zu reagieren?

Wiesen-Pippau in einer Blumenwiese

Entsiegelung befestigter Flächen

Meist wird ein erheblicher Anteil der Gartenfläche mit dichtfugigen Belägen versiegelt: die Zufahrt zur Garage, Stellplätze, Wege zur Haustür und zu Nebeneingängen, Terrassen und Wege im Garten. Da bleibt dann oft nur noch wenig Fläche für kühlendes Grün übrig. Leider werden versiegelte Flächen als praktisch und pflegeleicht wahrgenommen. Manche Mitmenschen fühlen sich von Pflanzen, ihrem Wachsen und Vergehen so verunsichert, dass sie auch noch alle anderen Flächen gleich mit Folie versiegeln und dann mit Grobschotter oder Kies belegen.

Alle versiegelten Flächen heizen sich stark auf und strahlen die Wärme, vor allem in der Nacht, dann wieder ab, das ist einer der Hauptgründe für das Entstehen der städtischen Hitzeinseln und trägt dazu bei, dass Angehörige der Risikogruppen in Hitzeperioden gefährdet sind. Großflächige Entsiegelungen sind also unabdingbar.

Naturliebende Gärtnerinnen und Gärtner haben immer schon so viel wie möglich entsiegelt, einfach um Lebensräume zu schaffen. So waren bei der Anlage eines Naturerlebnisschulhofes in Schwabach (siehe Foto auf Seite 65) auch die dicken Betonplatten eines Panzerexerzierplatzes nicht stabil genug, um der Entsiegelungsbegeisterung des Projektteams um Manfred Pappler und Reinhard Witt standzuhalten.

Entsiegelungsprojekt

↑ Naturerlebnisschulhof Schwabach
↗ Schottergarten
→ Glück gehabt, die Tragschicht reicht aus für eine Umwandlung in eine versickerungsoffene Bauweise

Gerade auf Schulhöfen gibt es riesiges Potenzial zur Entsiegelung, denn es handelt sich meist um große asphaltierte Flächen, die sich in Hitzeperioden aufheizen und die Gesundheit und auch die Lernfähigkeit der Kinder beeinträchtigen. Nur kühle Köpfe lernen gut!

Drum püfe, wer versiegeln will

Klimafeste, biodiversitätsfördernde Gärten und Grünflächen weisen möglichst wenig versiegelte Flächen auf. Jede asphaltierte oder gepflasterte Fläche sollte kritisch geprüft werden: Muss dies wirklich so sein, geht das Ganze nicht grüner und lebendiger?

Die Entsiegelung von Pflasterflächen ist relativ einfach. Dicke Beton- oder Asphaltbeläge erfordern da schon mehr Energie, einen Bohrhammer oder einen Bagger. Wer Glück hat, findet unter dem Belag eine Tragschicht aus Kies oder Schotter in guter Qualität. Dann kann der Unterbau für einen versickerungsoffenen und begrünten Belag weiter genutzt werden.

Versickerungsoffene und begrünte Oberflächenbefestigung

Blumenschotterrasen

Falls unter einem Betonpflaster eine akzeptable Tragschicht liegt, kann nach Entfernen des Pflasters relativ unaufwendig der Tausendsassa der naturnahen Grünflächengestaltung, der Blumenschotterrasen, angelegt werden. Dafür wird die Tragschicht noch einmal mit der Rüttelplatte oder Walze nachgearbeitet und dann eine ca. 10 cm dicke Schicht Kalkschotter in der Körnung 0/32 mm aufgebracht und ebenfalls verdichtet. Betonpflaster ist meist 8 cm hoch und liegt auf einer Bettung in 3 bis 5 cm Stärke, das passt also auch von den Maßen ganz wunderbar. Dann wird die Oberfläche noch einmal, zum Beispiel mit einem Rechen oder bei härterem Substrat mit Krail oder Spitzhacke, aufgeraut, 1 bis 3 cm gütegesicherter Grünkompost eingearbeitet, ein spezielles Wildpflanzensaatgut aufgebracht und wieder verdichtet. Keine Angst, die Samen halten es ohne Probleme aus, wenn die Fläche mit Rüttelplatte oder Walze verdichtet wird!

Wenn sich die Tragschicht nach der Entsiegelung als schlecht gebaut oder nicht dick genug herausstellt, muss die Fläche neu angelegt werden. Dabei wird erst der Untergrund im Gefälle der späteren Oberfläche (immer vom Haus weg!) verdichtet, darauf die Tragschicht eingebracht und verdichtet, dann die Tragdeckschicht aus Kalkschotter aufgebracht und dann wie beschrieben aufgeraut und eingesät. Alternativ wird die fertig verdichtete Oberfläche eingesät und dann mit einem Kies oder Splitt ohne Feinanteile dünn abgestreut. Egal, ob wir mit Kompost oder Splitt arbeiten – beides hält das Saatgut länger feucht und sorgt so für eine zuverlässige Keimung. Je nach der zu erwartenden Belastung, dem verwendeten Material (Kies oder Schotter) und der Qualität des Untergrunds liegt die Gesamtaufbauhöhe zwischen 27 cm und 70 cm. Tipps finden Sie in der Fachliteratur im Anhang ab Seite 167.

Auf einem Blumenschotterrasen säen wir Pflanzenarten aus, die an einen solchen Standort angepasst sind, die also in der Natur auf Magerrasen und felsigen Standorten vorkommen. Diese Lebensräume sind sehr selten geworden, in unserer intensiv genutzten Landschaft gibt es sie nur noch in Naturschutzgebieten.

Je nach Nutzungsintensität ergibt sich dann ein mehr oder weniger dichter Kräuterrasen, der kaum Pflege braucht. Oft reicht die Nutzung, also das Begehen oder Befahren aus, um ihn kurz zu halten. Werden Pflanzen an wenig genutzten Stellen zu hoch, kann die Fläche mit Sichel, Sense oder mit einer Heckenschere, die an einer Teleskopstange befestigt ist, gemäht werden.

Blumenschotterrasen eignen sich vor allem für untergeordnete befestigte Flächen wie Stellplätze, Wege und Terrassen. Oft finden sich ja in Gärten riesige Terrassen, die für die »größte anzunehmende Festgesellschaft« geplant wurden. Statt die

↑ Wenn Blumenschotterrasen nicht betreten oder befahren werden, entwickeln sie sich zu blumenbunten Magerbeeten

↓ Kalkmagerrasen wie dieser in der Rhön sind das Vorbild der Blumenschotterrasen

Blumenschotterrasen als Duftrasen nur mit Frühblühendem Thymian *(Thymus praecox)* eingesät

gesamte Fläche zu versiegeln, kann ein Erweiterungsbereich als Blumenschotterrasen im Anschluss an eine kleinere Terrassenfläche gebaut werden. Der von der Kernfamilie häufig genutzte Bereich wird mit einem Pflaster- oder Plattenbelag befestigt und die Fläche, die benötigt wird, wenn Gäste kommen, mit dem Blumenschotterrasen.

Blumenschotterrasen blühen bunt und sie duften, wenn wir sie betreten, denn Thymian, Oregano und Schafgarbe gedeihen hier besonders gut. Zusätzlich finden zahlreiche Tiere Nektar, Pollen und Blätter zum Futtern.

Damit ist der Blumenschotterrasen etwas ganz anderes als der Schotterrasen des konventionellen Gartenbaus, dem Oberboden beigemischt wird, um das Wachstum von Kultursorten verschiedener Rasengräser zu fördern. Beim Blumenschotterrasen dominieren die blühenden Kräuter. Deshalb bleibt er in Hitzeperioden auch relativ grün, denn nur die Gräser vertrocknen und die Kräuter bleiben grün, manche blühen sogar unbeeindruckt weiter (siehe auch Seite 147).

Weitfugiges Pflaster

Blumenschotterrasen sehen entweder wie ein Rasen aus oder, wenn sie häufiger genutzt werden, wie ein Weg in den Bergen oder wie ein Feldweg. Sie eignen sich also nicht so richtig, um mit Wegen und Plätzen gestalterische Akzente zu setzen. Außerdem bleibt der eine oder andere Halm oder auch mal ein Steinchen unter den Schuhen hängen. Da ist es gut, wenn direkt vor dem Hauseingang oder der Terrassentür ein kleiner Bereich mit Pflaster oder Platten befestigt ist. Aber auch solche Oberflächenbefestigungen müssen den Boden nicht komplett versiegeln. Denn jede noch so kleine Fuge kann eingesät werden. Noch besser ist es natürlich, wenn die Fugen so

Begrünte Fugen machen aus einer toten Fläche einen Lebensraum

weit wie möglich angelegt werden. Je größer und schwerer das Material, desto breiter können die Fugen sein. Insbesondere großformatige Natursteinplatten und Großpflaster liegen so stabil, dass auch größere Fugen kein Problem sind. Beim Pflaster können weite Fugen mit einem passenden Schotter (z. B. 0/22) verfüllt werden, der dann wie ein Abstandhalter wirkt. Nach dem Einbau werden die Fugen eingesät, denn in der Pflanzenwelt mahlt diejenige zuerst, die zuerst kommt. Wenn erst einmal Löwenzahn oder Einjähriges Rispengras in den Fugen wachsen, haben zartere (und seltenere) Pflanzenarten wie Heidenelke, Früher Thymian und Rundblättrige Glockenblume keine Chance. Die Fugenvegetation sorgt dafür, dass sich die Flächen nicht so stark aufheizen, und bietet vielen Tieren Lebensraum, wie zum Beispiel den vielen auf Glockenblumen spezialisierten Wildbienenarten. Offene Fugen sind aber auch selbst ein Lebensraum, vor allem auch für bodenbrütende Wildbienen, die hier gerne ihre Nester anlegen.

Die europäische Datenbank »Bladmineerders«

Das weltweite Netz ist voller ertragreicher Informationsquellen. Wer sich für den ökologischen Wert von Pflanzen interessiert und die Bereitschaft hat, eine englischsprachige Seite mit wissenschaftlichen Namen auszuwerten, wird auf der Netzseite *bladmineerders.nl* fündig. Sie wird von ihrem Begründer, dem niederländischen Entomologen Willem Ellis von der Niederländischen Schmetterlingsschutzstiftung, »Vlinderstichting«, gepflegt.

Hier finden sich zu vielen europäischen Pflanzenarten und auch vielen Gartenpflanzen die Tier- und Pilzarten, die auf und von den Pflanzen als Parasiten leben, also auch die vielen Krabbeltiere, die in und an den Wurzeln, Stängeln, Blättern, Blüten und Samen knabbern. Diese »herbivoren« Arten sind oft auf nur wenige Pflanzenarten spezialisiert, denn sie müssen ja mit den chemischen Abwehrmechanismen der Pflanzen zurechtkommen. Die Listen bei den Tier-Pflanzen-Paaren in diesem Buch entstanden durch eine Auswertung dieser Datenbank. Natürlich werden nicht an jedem Ort alle Krabbeltiere auftauchen, es handelt sich ja auch um Daten aus ganz Europa. Außerdem gibt eine solche Zusammenstellung, auch wenn sie noch so vollständig ist, immer nur den aktuellen Wissensstand wieder. Die aufgelisteten Tiergattungen sollen einen Eindruck geben von den vielen verschiedenen Tieren, die wir mit einheimischen Pflanzenarten in unseren Garten »pflanzen und säen« können und von denen wir die meisten nicht zu Gesicht bekommen werden, weil sie unter der Erde oder in den Pflanzen leben. Sie sind aber trotzdem wichtig für dicht geknüpfte und stabile Nahrungsnetze. Deshalb ist es auch überhaupt kein Problem, wenn die Listen Artengruppen wie Wickler, Blattläuse oder Spanner enthalten, zu denen auch der eine oder andere »Schädling« gezählt wird. Im dichten Nahrungsnetz eines biodiversitätsfördernden Gartens können viele Tiere von unseren Pflanzen leben, ohne dass das schädliche Wirkungen hat, denn jedes Tierchen wird vom dichten Netz der Nahrungsbeziehungen an seinem Plätzchen gehalten.

Selbst aktiv werden: **Tiere pflanzen**

Breitkopf-Schmalbiene & Frühlings-Fingerkraut

Treffpunkt Weg

Pflaster heizen sich in der Sonne auf. Was in der Klimakrise auf dicht versiegelten Flächen ein Problem ist, kann naturnah, also versickerungsoffen und begrünt gebaut, manche Arten mit dem perfekten Lebensraum versorgen. So gibt es einige Wildbienenarten, die auf Pflasterflächen gerne ihre Nester anlegen. Unter den Steinen haben es die Wildbienenkinder schön warm und trocken, dort sind sie vor Fressfeinden geschützt. Die Breitkopf-Schmalbiene *(Lasioglossum laticeps)* gehört dazu. Schon im April suchen die ersten Weibchen Pollen und Nektar. Wie praktisch, wenn die Fugen des naturnahen Pflasters mit ihrer Futterpflanze Frühlings-Fingerkraut *(Potentilla verna)* eingesät wurden. Es werden aber auch Doldenblütler wie Wilde Möhre, der allgegenwärtige Löwenzahn, Kreuzblütler wie Raps, Scharfer Hahnenfuß, Apfelbäume oder Weide besucht. Kein Wunder also, dass diese Wildbienenart auch in Städten und Dörfern zu beobachten ist. Nur ist leider offener und gleichzeitig ungestörter Boden in unseren Gärten oft Mangelware, da kommen naturnahe Wege gerade recht. Diese Schmalbiene ist übrigens eine der wenigen Wildbienen, die kleine Staaten bildet.

Frühlings-Fingerkraut

Das Frühlings-Fingerkraut wächst flach am Boden, es schmückt sich im Frühjahr mit zahlreichen leuchtend gelben Blüten. Der schöne Bodendecker kann gut mit Kugelblume oder Küchenschelle kombiniert werden. Die Blüten des Frühlings-Fingerkrauts sind ein wichtiges Wildbienenfutter im Frühjahr. Der Wildbienen-Experte Paul Westrich beobachtete, dass auf deren Blüten insgesamt 30 verschiedene Wildbienenarten Pollen sammeln. Natürlicherweise kommt das Frühlings-Fingerkraut hauptsächlich auf den seltenen Magerrasen und an Felsen vor, damit ist es perfekt für die »Kunstfelsen« Trockenmauern und die »Magerrasen« begrünte Wege geeignet.

An Blättern und Blüten des Frühlings-Fingerkrauts fressen laut Datenbank »Bladmineerders« folgende Arten (Anzahl der Arten jeweils in Klammern): Minierfliegen (1), Zwergzikaden (1), Miniersackträger (1), Rüsselkäfer (1), Eulenfalter (1), Gallmilben (1), Dickkopffalter (6), Zwergminiermotten (3) und Blattwespen (1).

Breitkopf-Schmalbiene

Bau eines Blumenschotterrasens als Erweiterungsfläche einer Terrasse

1. Aushub

2. Einbringen der Tragdeckschicht

3. Polygonalplattenbelag ↑

4. Aufrauen, Einarbeiten von Kompost und Einsaat →

5. Verdichten ↓

Terrasse im ersten Jahr ...

... und im zweiten Jahr

Pflanzen für Blumenschotterrasen und Pflasterfugen

Wissenschaftlicher Name Deutscher Name	Höhe Blütenfarbe	Feb.	März	April	Mai	Juni	Juli	Aug.	Sept.	Okt.	Nov.	Dez.	Bemerkung
Potentilla verna Frühlings-Fingerkraut	10 cm gelb			✿	✿	✿							wintergrün
Silene vulgaris Gewöhnliches Leimkraut	30 cm weiß				✿	✿	✿	✿					wintergrün
Lotus corniculatus Hornklee	30 cm gelb				✿	✿	✿	✿					
Hieracium pilosella Kleines Habichtskraut	25 cm gelb				✿	✿	✿	✿	✿	✿			wintergrün
Sedum album Weiße Fetthenne	10 cm weiß					✿	✿	✿					
Galium verum Echtes Labkraut	50 cm gelb					✿	✿	✿					
Potentilla argentea Silber-Fingerkraut	10 cm gelb					✿	✿	✿					
Prunella grandiflora Großblütige Braunelle	20 cm hellviolett					✿	✿	✿					
Salvia pratensis Wiesen-Salbei	50 cm violett					✿	✿	✿					
Dianthus carthusianorum Karthäuser-Nelke	50 cm purpurrot					✿	✿	✿					wintergrün
Petrorhagia saxifraga Felsennelke	20 cm rosaweiß					✿	✿	✿					wintergrün
Helianthemum nummularium Gewöhnliches Sonnenröschen	15 cm gelb					✿	✿	✿	✿				wintergrün
Achillea millefolium Gewöhnliche Schafgarbe	50 cm weiß					✿	✿	✿	✿	✿			wintergrün
Campanula rotundifolia Rundblättrige Glockenblume	30 cm blauviolett					✿	✿	✿	✿	✿			wintergrün
Thymus serpyllum Sand-Thymian	10 cm rosapurpur					✿	✿	✿	✿	✿			wintergrün
Leontodon autumnalis Herbst-Löwenzahn	40 cm gelb						✿	✿	✿				wintergrün
Origanum vulgare Gewöhnlicher Dost	40 cm rosalila						✿	✿	✿				wintergrün

Trockenmauern sorgen an steilen Hängen, wie hier in Südfrankreich, dafür, dass mehr Regenwasser in den Boden gelangt

Hänge mit Trockenmauern terrassieren

Trockenmauern sind nur dann haltbar, wenn sie im eigentlichen Sinne des Wortes »trocken« stehen. Dafür werden sie auf einem stabilen Fundament aus Schotter errichtet und mit Schotter hinterfüllt. Damit haben sie einen ähnlichen Effekt wie versickerungsoffen befestigte Wege: Sie sorgen dafür, dass das Regenwasser nicht oberflächlich abläuft, sondern über die drainierende Hinterfüllung in den Untergrund gelangt. Auch wenn Trockenmauern ein eher trocken-warmer Standort sind und für viele Tiere einen attraktiven Lebensraum darstellen, so verdunsten die Mauerpflanzen und die Pflanzen am Mauerfuß und auf dem Mauerkopf auch in Hitzeperioden doch Wasser und sorgen dafür, dass sich Trockenmauern weniger aufheizen als die naturfernen Betonmauern. Trockenmauern sind deshalb unter Klimagesichtspunkten besonders gut geeignet, ein Gelände zu terrassieren. Wobei die Terrassierung selbst einen weiteren Vorteil hat: Durch das geringere Gefälle gelangt mehr Wasser in den Boden, denn weniger Regen läuft auf der Oberfläche ab. Damit wird auch die Erosionsgefahr verringert. Der Weinbau in Steillagen oder die terrassierten Hänge im Mittelmeerraum haben immer schon als Regenfänger gewirkt.

Grundregeln für den Trockenmauerbau

- Trockenmauern auf tragfähigem Untergrund errichten, das ist in den meisten Fällen ein 30 cm tiefes Fundament aus gut verdichtetem Schotter, das vorne und hinten mindestens 10 cm über die Vorder- und Hinterkante herausragt.
- Mauer aufrichten. Die Dicke entspricht den statischen Anforderungen und hängt ab von der Geometrie der Mauer, der Bodenart und der Hangneigung. Meist liegt sie zwischen einem Drittel und der Hälfte der Mauerhöhe. Die Hintermauerung folgt genauso wie die Sichtseite den Fugenregeln. Der Anlauf der Mauer beträgt etwa zehn Prozent – in 1 m Höhe weicht sie 10 cm von der Vertikalen ab.
- Fugenregeln beachten: keine Kreuzfugen, keine durchgehenden Stoßfugen, Überbindung mindestens 10 cm oder ein Drittel der Steinlänge.
- Die untersten Steine sowie Deck- und Ecksteine sind besonders groß und schwer.
- Die Hinterfüllung aus Schotter reicht bis hinter die Mauerkrone, sie wird parallel zum Aufbau der Mauer immer wieder verdichtet.
- Bepflanzung während des Aufbaus der Mauer mit »einmauern«. In der Pflanztasche Schotter mit Grünkompost mischen und gut angießen.
- Die Schichtung (das »Lager«) von Sedimentgesteinen wie Sandstein liegt immer parallel zur Lagerfuge.
- Jeder dritte Stein wird als Binder eingebaut, also mit der Längsrichtung quer zur Mauer.

Selbst aktiv werden: **Tiere pflanzen**

Trockenmauern und Steinhaufen & Hausspitzmaus

Beschleunigte Lebenszeit

Da ist es schon wieder, dieses sehr hohe trillernde Piepen. Sie sind also noch da, die Spitzmäuse. Zu sehen sind sie lebend kaum, so schnell huschen die kleinen Verwandten des Igels durch Gras und Büsche, immer auf der Suche nach Nahrung. Mit einer gemütlichen Maus haben die Tierchen nur bei sehr grober Betrachtung eine Ähnlichkeit. Leider finden es Katzen immer wieder lustig, Jagd auf die kleinen Stinker zu machen. Eigentlich sind Spitzmäuse nämlich ganz gut vor Beutegreifern geschützt, weil sie durch einen auch für unsere Nase unangenehmen Eigengeruch für etliche Fleischfresser ungenießbar sind. So kennen wir sie dann doch ganz gut, nämlich als getötete, aber verschmähte Beute eines Stubentigers. Spitzmäuse sind erstaunliche Tier, sie leben in einer ungeheuer beschleunigten Welt. Ihr Herz schlägt, wenn sie sich erschrecken, bis zu 1200 Mal in der Minute, der Ruhepuls liegt bei ungefähr 500. Das braucht viel Energie und deshalb sind die kleinen Fressmaschinen unentwegt auf Futtersuche: Insekten, Schnecken, Würmer, Asseln, kleine Wirbeltiere, pro Tag muss davon mehr als das eigene Körpergewicht erbeutet werden. Zudem sind die

Hausspitzmäuse bauen ihre Nester gerne in Steinhaufen oder Trockenmauern. Auch Futter finden sie hier.

Tiere ungeheuer fruchtbar: Manchmal schon im Geburtsjahr geschlechtsreif, bringen sie zwei- bis viermal im Jahr bis zu neun Junge zur Welt. Allerdings erleben die Tiere selten mehr als zwei Winter und viele sterben schon als Jungtiere. Um den Winter überleben zu können, brauchen sie auch in der kalten Jahreszeit genügend Futter. Kein Wunder, dass sie im Winter versuchen, einen warmen Platz in menschlichen Behausungen zu finden. Sie verfügen aber auch über eine sehr erstaunliche Anpassungsfähigkeit an die Hungerzeit im Winter: Die kleinen Wirbelwinde können schrumpfen! Damit ist kein schlichtes Abnehmen gemeint, nein, es schrumpfen tatsächlich das Skelett und auch der Schädel – und damit das besonders energiebedürftige Gehirn. Bei der verwandten Waldspitzmaus haben Forschende eine Abnahme der Schädelhöhe um ungefähr 13 Prozent und eine Abnahme des Gewichtes um ungefähr 20 Prozent gemessen. Im zweiten Sommer wachsen die Tiere dann wieder, die Maße des ersten Sommers werden aber nicht mehr erreicht.

Im Garten ziehen Spitzmäuse besonders gerne in Trockenmauern und Steinhaufen ein. Hier finden sie ein geschütztes Plätzchen für ihr Nest und genügend Deckung. Außerdem sind Trockenmauern Magnete für viele Krabbeltiere und auch Schnecken. In aufgelassenen Weinbergen finden sich zum Beispiel 90 Prozent aller Tiere in der unmittelbaren Nähe der Trockenmauern. Trockenmauern sind quasi Luxuswohnungen mit Restaurantservice für unsere Spitzmausfamilien. Schön, wenn die Mauern an insektenreiche magere Staudenflächen angrenzen. Die Hausspitzmaus liebt solche warmen Flächen besonders und breitet sich in Deutschland zunehmend nach Nordosten aus.

↑ Kaukasus-Fetthenne sollte nicht gepflanzt werden

← Begrünung der Tiefgarage von Mitsubishi Electric in Ratingen

Eine grüne, kühlende Mütze für's Haus – Dachbegrünung

Auf einem Satellitenbild sind Städte und Dörfer zuerst an den vielen roten und grauen Dächern zu erkennen. Niederschlagswasser, das auf ein Dach herunterregnet, hat es schwer, in den Boden zu kommen und wieder zu Grundwasser zu werden. Meist wird es schnell in die Kanalisation geleitet und gelangt damit letztendlich in die Flüsse und bald ins Meer. Damit ist es für eine Abkühlung der Siedlungsräume verloren. Welch eine Verschwendung! Begrünte Dächer halten im Schnitt die Hälfte des auftreffenden Regens zurück. Bei der Verdunstung kühlt das Dach dann das Haus und die Umgebung. Damit werden zum Beispiel auch Solaranlagen effizienter, denn ihr Ertrag sinkt mit steigender Umgebungstemperatur. Außerdem wird die Dachdichtung vor thermischen Spannungen geschützt und die Begrünung schützt das Dach vor Windsog und UV-Schäden. Fachgerecht begrünte Dächer halten länger!

Eigentlich müssen begrünte Dächer ja nicht bewässert werden, andererseits kühlen Dächer nur, wenn das Substrat noch Feuchtigkeit enthält. Die Möglichkeit, mit begrünten Dächern Gebäude und Umgebung zu kühlen, steigt also mit der Bewässerung der Dächer in Hitzeperioden. Wenn das Dachablaufwasser erst einmal in einer Zisterne gesammelt wird und dann in einer Hitzeperiode mit dem gespeicherten Wasser die Dachbegrünung bewässert wird, kühlen Dachbegrünungen noch effektiver.

Mit begrünten Dächern werden viele neue Magerstandorte geschaffen, wie sie aus unserer Landschaft ja fast vollständig verschwunden sind. Um die biologische Vielfalt optimal zu fördern, ist es wichtig, dass die Dächer mit einheimischen Wildpflanzen möglichst standortheimischer Herkunft begrünt werden – und z. B. nicht mit der Kaukasus-Fetthenne *(Phedimus spurius)*, einem invasiven Neophyten.

Grüne Dächer statt versiegelte Hitzeinsel. Begrünte Dächer sogen für die Abkühlung des Kleinklimas und fördern die biologische Vielfalt (großes Foto).

Strukturen und Kleinlebensräume wie Totholz, Sandlinsen, Aufhügelungen (wo es statisch möglich ist) und auch Wasserflächen erhöhen die Qualität des Lebensraumes auf dem Dach. Keine Angst vor dem Gewicht des Wassers, es ist immer leichter als Erde, ein Liter Wasser wiegt genau ein Kilogramm, ein Liter mit Wasser gesättigtes Dachbegrünungssubstrat wiegt eineinhalb Mal so viel.

Besonders die unzähligen Garagen, Parkhäuser und Stellplätze, die jetzt noch die Sommerhitze speichern, müssen möglichst bald unter einem grünen Pelz verschwinden, um in Hitzeperioden die Gefahren für die Bevölkerung zu verringern. Am besten verschwinden auch die riesigen Flächen für den »ruhenden Verkehr« in Tiefgaragen, deren oberste Ebene mit einer hohen Substratschicht begrünt und so als Natur-Erlebnis-Raum genutzt werden kann.

Bunte Wildblumenblüten statt Dachpappe

Selbst aktiv werden: **Tiere pflanzen**

Fetthennen-Erzschwebfliege & Fette Henne

Rettungsinsel Garten

Die unscheinbare Erzschwebfliege *Cheilosia semifasciata* galt lange Zeit als gefährdet und wurde in den Roten Listen zahlreicher Bundesländer aufgeführt. Diese Art ist ein schönes Beispiel dafür, wie Gärten unter glücklichen Umständen ein Ersatzlebensraum für spezialisierte gefährdete Arten werden können. Die Larven der Fetthennen-Erzschwebfliege fressen nur in den Blättern weniger Pflanzenarten, nämlich der Purpur-Fetthenne *(Hylotelephium telephium)*, des Echten Venusnabels *(Umbilicus rupestris)* und des Rundblättrigen Steinbrechs *(Saxifraga rotundifolia)*.

Wenn die Nahrungspflanzen verschwinden, haben ihre spezialisierten Pflanzennutzer nichts mehr zu futtern. Was für ein Glück, dass auch die Fetthenne seit Langem eine beliebte Bauerngartenpflanze ist und dass unsere Schwebfliege Gartenhybriden nutzen kann. Außerdem ist es sicherlich ein Vorteil, dass sie offensichtlich mit dem Klima nährstoffreicher und eher schattiger Standorte gut zurechtkommt, wie wir es ja häufig in unseren Gärten haben. Wenn Fetthennen in der Sonne stehen, besiedelt die Art eher die unteren Blätter, wo die Luft etwas feuchter ist.

Irgendwann fiel dann auf, dass viele Fetthennen in Gärten und auch in Gärtnereien Fraßgänge (»Blattminen«) dieser Schwebfliegenart aufweisen. Da der Befall nie sehr auffällig ist und ja auch meist nur die unteren Blätter betrifft, führt das nicht zu Pflanzenschutzmaßnahmen, die bei Blattminierern ja sowieso sehr schwierig sind. Gärtnereien haben also zur Verbreitung dieser Rote-Liste-Art beigetragen und inzwischen gilt sie als ungefährdet. Eine Dachbegrünung im Schatten wäre der perfekte Ort für die Fetthenne und ihre Schwebfliege.

Fetthennen sind gut an trockene Standorte angepasst. Dafür nutzen sie den Trick, der es auch Kakteen und Wolfsmilchgewächsen ermöglicht, in der Wüste zu überleben: den so genannten Crassulaceen-Säurestoffwechsel. Er ermöglicht den Pflanzen am Tag, bei geschlossenen Atemöffnungen, Fotosynthese zu betreiben, also mithilfe des Sonnenlichtes aus CO_2 und Wasser Nährstoffe (Zucker) herzustellen. So verlieren die Pflanzen am Tag kein Wasser über die Atemöffnungen. Nachts, wenn es kühler ist, öffnen die Pflanzen ihre Stomata, wie die Öffnungen genannt werden, und binden das CO_2 vorübergehend als Äpfelsäure. Am Tag wird das CO_2 wieder von der Äpfelsäure gelöst und mithilfe der Energie des Sonnenlichtes zum Aufbau von Zuckern genutzt. Fetthennen-Gewächse (Sedum-Arten) wachsen deshalb auch noch an den heißesten Felsen und auf sehr dünnen Dachbegrünungen.

Purpur-Fetthenne

Fassadenbegrünung mit Kulturrebe und halbgefüllter Kletterrose, die im Herbst reichlich Hagebutten bildet

Anbau von Nutzpflanzen in einer fassadengebundenen Wandbegrünung in Veitshöchheim

Korrekt gepflegte Fassadenbegrünung mit Jungfernrebe und Efeu

Vertikale Flächen begrünen: grüner, kühlender Pelz für das Haus und Zäune als Kühlrippen

Wenn das Haus eine grüne Mütze hat, dann kann es auch gleich ganz in einen grünen Pelz gehüllt werden. Zurzeit wird mit Fassadenbegrünungen experimentiert, die ähnlich wie Dachbegrünungen aufgebaut sind, also quasi vor die Fassade gehängte, aufrecht gestellte sehr flache Blumenkästen. Diese werden über ein ausgeklügeltes System bewässert. Aufgrund der nötigen Technik ist solch eine »fassadengebundene« Begrünung aber auch sehr anfällig gegenüber technischen Fehlern, sie produziert am Ende ihrer Lebensdauer ein Menge Plastikmüll und ist ziemlich teuer.

Die bodengebundene Fassadenbegrünung hat sich seit Langem bewährt. Hier wurzeln die Pflanzen tief in der Erde und das notwendige Wasser steht ihnen dauerhaft und kostenlos zur Verfügung. Es gibt viele verschiedene, auch viele ökologisch wertvolle, einheimische Pflanzenarten, für jeden Zweck und für jeden Standort, sowohl für schattige als auch für sonnige Standorte.

Selbstklimmer halten sich mit Haftorganen an der Wand fest. Dazu gehören der einheimische Efeu *(Hedera helix)* und die aus Amerika stammenden Jungfernreben *(Parthenocissus tricuspidata* und *quinquefolia)*, auch Wilder Wein genannt, die zwar entfernt mit unserer Kulturrebe verwandt sind, aber keine essbaren Beeren tragen. Aber Honigbienen besuchen die Blüten in großer Menge und verschiedene Vogelarten fressen die Früchte. Allerdings ist eine verwandte Art *(Parthenocissus inserta)* in manchen Ländern ein invasiver Neophyt und es ist durchaus möglich, dass auch die bei uns häufig verwendeten Jungfernreben invasiv werden.

Der heimische Efeu blüht sehr spät im Jahr zwischen August und Oktober und ist eine wichtige späte Nektarquelle. Seine Früchte bieten Vögeln bis ins Frühjahr noch Nahrung. Im dichten Geäst der Selbstklimmer finden zahlreiche Insekten, Spinnen und das eine oder andere Vogelpärchen Lebensraum und Nistplätze. Selbstklimmer wachsen wie von selbst, müssen aber durchaus beaufsichtigt werden. Denn ihre äußerste, sehr feine Spitze wächst in jede noch so dünne Spalte ein. Aufgrund des

Zaunbegrünung mit Rotfbeeriger Zaunrübe *(Bryonia dioica)*: An dieser »Kühlrippe« sammeln zur Blütezeit unzählige Zaunrüben-Sandbienen Pollen für ihren Nachwuchs

Dickenwachstums der Sprosse können Fugen so erweitert und – im Extremfall – langfristig auch Dächer oder Gebäude beschädigt werden. Selbstklimmer müssen also vom Dach, insbesondere von der Attika eines Flachdaches und von allen Öffnungen in der Wand wie Türen, Fenstern und Lüftungen ferngehalten werden. Mindestens einmal im Jahr sollte an diesen Stellen ein Rückschnitt durchgeführt werden. So kann jede intakte Wand ohne Risse mit Selbstklimmern begrünt werden. Korrekt gebaute Fassadenbegrünungen wirken wie eine zusätzliche Wärmedämmung, schützen also vor Hitze und Kälte. Und damit leidet auch die Mauer weniger, weil das Klima ausgeglichener ist und es geringere Temperaturunterschiede zwischen Tag und Nacht gibt.

Wer die Wandbegrünung etwas besser unter Kontrolle halten möchte, kann auf Pflanzenarten zurückgreifen, die eine Rankhilfe benötigen. Die Pflanzen können dann nur dort wachsen, wo es Rankgerüste gibt. Die Auswahl an einheimischen Pflanzenarten für Kletterhilfen ist größer als bei den Selbstklimmern.

Wir können unsere Fassaden aber auch nutzen, um Obst anzubauen: Die essbare Verwandte des Wilden Weins, die Kulturreben, gedeihen gut an Wänden, aber auch Kiwis oder Spalierobst. Eher schwach wachsende Kletterpflanzen können zur Begrünung von Zäunen, Sichtschutzelementen und Pergolen eingesetzt werden. Gerade bei einer begrünten Pergola zeigt sich der Vorteil der naturnahen Lösung: Während sich unter einer Markise die warme Luft staut und es dort im Schatten recht schnell zu heiß wird, kann die erwärmte Luft zwischen den Blättern einer begrünten Laube nach oben abfließen. Und die Blätter der Rankpflanzen verhalten sich wie lauter Sonnenschirmchen mit Nachführautomatik, sie richten sich immer perfekt nach der Sonne aus und maximieren so den Schatten unter ihnen. So werden auch Südterrassen in Hitzesommern wieder nutzbar. Und wenn dann über uns noch die süßen Trauben des Herbstes reifen, müssen wir für Dolce Vita nicht mehr reisen – das Klima wird es uns danken.

Pflanzen für Vertikalbegrünungen an Fassaden und frei stehenden Rankhilfen

Wissenschaftlicher Name Deutscher Name	Kletterhöhe Blütenfarbe	März	April	Mai	Juni	Juli	Aug.	Sept.	Okt.	Nov.	Wuchstyp
Clematis alpina Alpen-Waldrebe	2 m blau			✿	✿	✿					Ranker
Clematis alpina 'Alba' Alpen-Waldrebe 'Alba'	2 m weiß			✿	✿	✿					Ranker
Lonicera caprifolium Echtes Geißblatt	5 m weiß-gelb-rot			✿	✿						Schlinger
Vitis vinifera Weinrebe	10 m grünlich				✿						Ranker
Rosa x polliniana Kriechrose	2 m rosa				✿						Spreizklimmer
Rosa x polliniana 'Affabilis' Kriechrose 'Affabilis'	2 m rosa				✿						Spreizklimmer
Lonicera periclymenum Wald-Geißblatt	6 m weiß-rosa-gelb				✿	✿	✿				Schlinger
Clematis vitalba Gewöhnliche Waldrebe	30 m weiß				✿	✿	✿	✿			Ranker
Rosa arvensis Kriechende Rose	4 m weiß				✿	✿					Spreizklimmer
Rosa arvensis 'Splendens' Kriechende Rose 'Splendens'	4 m; weißrosa, halb gefüllt				✿	✿					Spreizklimmer
Bryonia cretica ssp. *dioica* Rotbeerige Zaunrübe	4 m weiß				✿	✿	✿	✿			Ranker
Hedera helix Efeu	20 m grün							✿	✿	✿	Selbstklimmer

Selbst aktiv werden: **Tiere pflanzen**

Efeuseidenbiene & Efeu

Auch in Europa gibt es noch unentdeckte Arten

Efeu-Seidenbiene

Die ersten Blätter fallen, alles fängt an, sich auf den Winter vorzubereiten, da erst öffnen sich die unscheinbaren Efeublüten und bieten offen Nektar und Pollen. Kein Wunder, dass blühender Efeu vor allem zu hören ist: Letzte Wespen, spät fliegende Honigbienen und Falter, z. B C-Falter oder Admiral, vor allem aber zahlreiche Schwebfliegen sind an den Blüten zu finden. Für Wildbienen schienen die späten Blüten des Efeus keinen Wert zu haben, denn die meisten Wildbienenarten sind an den Blühhöhepunkt unserer Flora im Frühsommer angepasst. So spät im Jahr haben sie ihren Lebenszyklus längst beendet. Mit dieser »Brille« haben Wildbienenforscher lange Zeit Efeublüten angeschaut. Bis zwei Forschern, nämlich Paul Westrich und Konrad Schmidt, auffiel, dass es doch Wildbienen gibt, die Efeupollen sammeln und die in dieser späten Zeit fliegen. Vorher war die eine oder andere Wildbiene auf Efeu oder mit Efeupollen als ein »Irrtum der Natur« nicht näher betrachtet worden. So kam es, dass noch im Jahr 1993 bei uns eine neue Wildbienenart entdeckt werden konnte! Die Weibchen der Efeu-Seidenbienen *(Colletes hederae)* sammeln, sobald der Efeu blüht, ausschließlich Efeupollen. Die Nester werden, wie bei vielen anderen Wildbienen auch, in bindigem, aber nicht zu festem Boden angelegt, Spielsand ist anscheinend ideal, denn Kolonien werden häufiger auf Spielplätzen und Kindergartengeländen gefunden. Die Efeu-Seidenbiene ist eine »Sandkastenbiene«. Solche Kolonien sind keine Gefahr für die Kinder. Allerdings ist das Reinigen der Sandkästen eine Gefahr für die Wildbienen!

Efeu ist eine typische Pflanze der urwaldartigen Auwälder. Flüsse und Bäche versorgen die Böden gut mit Nährstoffen und Feuchtigkeit, hier wachsen die Pflanzen dicht an dicht, am Boden ist es dunkel und feucht. An anderen Pflanzen nach oben zu klettern, ist eine gute Möglichkeit, ins Licht zu gelangen. Dabei wuchs Efeu tatsächlich schon in grauer Vorzeit in den damals tropischen Regenwäldern Europas vor 19 Millionen Jahren, als die globale Mitteltemperatur 6 °C über der heutigen lag.

Efeu bietet Insekten und Vögeln dann Nahrung, wenn sonst nicht mehr viel zu holen ist. Er blüht

Efeu muss daran gehindert werden, in Fugen und Dächer einzuwachsen

von September bis November und fruchtet mitten im Winter, nämlich von Januar bis April, wenn die Früchte der anderen Wildgehölze längst aufgefuttert sind. Nachdem es im Herbst gesummt und gebrummt hat, fängt es also im Winter hier an zu piepen.

Efeu nimmt statt eines Baumstamms oder eines Felsens auch mit einer Hauswand vorlieb. Allerdings wachsen die Triebspitzen selbst in die kleinste Spalte oder Fuge ein. Später wird der Trieb dann immer dicker und »gewinnt« meist gegen die Hauswand oder das Dach. Der dicke grüne Pelz bringt übrigens einiges an Gewicht auf die Waage oder an die Mauer. Man kann deshalb keine Außendämmungen mit ihm begrünen, er würde sie irgendwann schlicht von der Mauer reißen.

Wenn alle notwendigen Voraussetzungen erfüllt sind, finden Vögel und Kleintiere im Efeupelz ein katzenfreies Rückzugsgebiet, zahlreiche Insekten und andere Kerbtiere eine Heimat. Außerdem dämmt der Efeu zusätzlich die Wand, schützt vor Wind und Sonne und sorgt über die Verdunstung an den Blätter für eine Abkühlung des Kleinklimas am Haus. In Zeiten der Klimakrise wird diese »Dienstleistung« immer wichtiger werden.

Die Liste der Tierarten, die an Efeu fressen, ist laut Datenbank »Bladmineerders« 67 Arten lang (Anzahl der Arten jeweils in Klammern): Bauchkielwanzen (1), Mottenschildläuse (3), Blattläuse (5), die Erlenschaumzikade, Röhrenschildläuse (3), Gallmücken (1), Bockkäfer (1), Blattkäfer (1), Zwergzikaden (4), Napfschildläuse (5), Rüsselkäfer (6), Deckelschildläuse (4), Eulenfalter (1), Spanner (4), Käferzikaden (3), Bodenwanzen (1), Weichwanzen (1), Wollläuse (2), Orchideenmilben (1), Spinnmilben (1), Thripse (1), Netzwanzen (1) und Wickler (14), der Faulbaumbläuling und die schöne Achateule.

Magerstandorte im öffentlichen Raum: wenig Pflege, viel Biodiversität

Die Gießkanne bleibt trocken: Xeriscaping war schon immer unsere Leidenschaft

Der Schutz unseres Grundwassers, das in einem trockeneren und heißeren Klima immer bedrohter und wertvoller wird, hat zwei Seiten: Einmal müssen wir so viel Regenwasser wie möglich in das Grundwasser leiten und andererseits sollten wir es nicht unnötig verschwenden. Es ist sinnvoll, die Verdunstungskapazitäten von Dachbegrünungen durch eine Bewässerung aus Regenwasserzisternen zu erhöhen (siehe Seite 78). Trinkwasser hingegen, das ja oft aus Grundwasser gewonnen wird, ist zu schade, um es zur Gartenbewässerung zu verschwenden. In Dürrezeiten werden

Blütenbunter Magerstandort. Die Pflanzen sind an Trockenheit angepasst und blühen oft auch in Dürreperioden weiter.

auch immer öfter Kommunen die Verwendung von Trinkwasser zur Gartenbewässerung verbieten (müssen). In Naturgärten ist das kein Problem, denn Naturgärtnerinnen und Naturgärtner lieben es, magere, nährstoffarme Standorte anzulegen und mit den wunderschönen Pflanzen der Magerrasen und Felsbandrasen zu bepflanzen.

Das liegt wohl daran, dass alle Gärtnerinnen und Gärtner eine Vorliebe für besondere Pflanzen haben und wir Naturgärtnerinnen und Naturgärtner da keine Ausnahme sind. So haben wir gerade die Pflanzenarten in die Gärten gebracht, die in der Landschaft immer seltener werden. Und das sind eben die Arten, die der großen Gleichmacherei unserer Landschaft nicht gewachsen sind. Es sind die Pflanzen der Standorte, die zu nass sind (und die deshalb entwässert werden), zu sauer (die aufgekalkt werden), zu trocken (die bewässert werden) oder zu mager (die aufgedüngt werden). Besonders die wunderschönen Wildpflanzen der Kalkmagerrasen bekamen in den Naturgärten ihren glänzenden Auftritt. Damit betrieben Naturgärtner immer schon »Xeriscaping«, bevor das Wort überhaupt erfunden wurde. Der Begriff setzt sich aus dem griechischen *xērós* (= trocken) und dem englischen *landscaping* (= Landschaftsbau) zusammen und meint eine Gartengestaltung, die auf die Verwendung von Trinkwasser verzichtet und nur mit dem natürlichen Regen auskommt, gerade auch in Trockengebieten. Netter Nebeneffekt: Der Stressor dieser Standorte

Insekenmagnet Oregano *(Origanum vulgare)*

Mit Reseden pflanzen wir Reseden-Maskenbienen

(also die Standorteigenschaft, die den Boden zu einem »schlechten« Boden macht) ist ein wunderbarer Pflegehelfer, denn die ausbreitungsstarken Besiedler nährstoffreicher Böden wie Melde, Gänsedistel, Acker-Kratzdistel und Acker-Winde haben hier keine Chance. Deshalb eignen sich die blütenbunten Magerstandorte besonders für Flächen im öffentlichen Grün. Statt in Fahrbahnteiler und Straßenbegleitgrünflächen Oberboden einzufüllen, der meist mit Wurzeln von Ackerunkräutern (also Acker-Kratzdistel und Co.) durchsetzt ist, wird einfach ein Natursteinschotter, Sand oder Kies eingefüllt, etwas gütegesicherter Grünkompost eingearbeitet und die Fläche dann mit einer Wildpflanzenmischung eingesät. Die Pflanzen der trockenen Magerstandorte halten auch die heißesten Tage aus und blühen oft unbeeindruckt weiter (siehe Seite 147). Selbst wenn der Standort scheinbar vertrocknet, regeneriert er sich aus den Samen im Boden schnell wieder neu. Wichtig ist nur, dass bei der Pflege der Aufbau eben dieser Samenbank im Boden gefördert wird, die trockenen Samenstände also so lange wie möglich stehenbleiben dürfen. Damit sorgen wir ja auch nicht nur für eine gut gefüllte Samenbank, sondern bieten den zahlreichen Tieren, die in den trockenen Stängeln leben, auch einen Lebensraum.

Oben: »Naturarena« in Wesel-Bislich im August 2018: In der lang anhaltenden Dürre sind auch die Wildpflanzen vertrocknet. Unten: Der Bestand konnte sich aus den Rosetten und der Samenbank vollständig regenerieren (Mai 2020).

Natternkopf-Mauerbiene & Natternkopf

Begehrte blaue Blütenkerzen

Selbst aktiv werden: **Tiere pflanzen**

Natternkopf-Mauerbiene

Magere Beete blühen im zweiten Jahr nach der Anlage meist tiefblau, wenn der Natternkopf *(Echium vulgare)* blüht. Denn wer würde sich dies wunderbare blaue Spektakel entgehen lassen und keinen Natternkopf aussäen? Die Blüten des Natternkopfes changieren zwischen blaurosa und blauviolett. Sie harmonieren wunderbar mit anderen kurzlebigen Pflanzen wie Königskerzen (Verbascum) oder Färberkamille *(Anthemis tinctoria)*. Auf nährstoffreichem Boden werden die Blütenstände mehr als einen Meter hoch und fallen unschön auseinander, auf magerem Boden und am Naturstandort bleiben die Pflanzen kompakter und kleiner. Nach der beeindruckenden Blüte ist dann aber Schluss, die Pflanzen blühen nur ein einziges Mal. Weil die Samen Licht und offenen Boden zum Keimen brauchen, keimen von Jahr zu Jahr immer weniger Samen, obwohl der Natternkopf reichlich davon produziert. Um sie wieder erleben zu können, müssen wir ein Beet umbrechen oder Lücken im Bewuchs freiräumen und neu aussäen.

Natternkopf

In einem jungen Naturgarten leuchtet das blau-gelbe Spektakel von Natternkopf und Königskerzen

Was für ein Glück für die Natternkopf-Mauerbiene *(Osmia adunca)*, dass der Natternkopf bei Naturgärtnerinnen und Naturgärtnern so beliebt ist. Diese Wildbiene hat nämlich ein Riesenproblem: Sie sammelt nicht nur den Pollen, sondern auch ihr Flugbenzin, den Nektar, ausschließlich am Natternkopf. Natürlich fliegt diese Wildbienenart auch nur, wenn der Natternkopf blüht, also ab Juni. Die Männchen wählen sich dann eine besonders schöne Pflanze als Revier, das sie gegen Rivalen verteidigen. So können sie mit den weiblichen Besucherinnen ihrer Pflanze für Natternkopf-Mauerbienennachwuchs sorgen. Ohne Natternkopf also keine Natternkopf-Mauerbienen, und da diese blaue Wildblume ausschließlich auf nur lückig bewachsenen, sonnigen und mageren Standorten genügend Konkurrenzkraft hat, findet sich unsere Wildbiene auch in der Landschaft fast nur auf vom Menschen geschaffenen Standorten wie Sandgruben, Steinbrüchen, Wegerändern, Weinbergen, Bahn- und Hafenanlagen oder Industriebrachen. Zum Glück nimmt die Art die unterschiedlichsten Hohlräume als Nistplatz an, gerne besiedelt sie auch Wildbienennisthilfen, also Löcher in Bambusstängeln oder Holzblöcken mit ungefähr sechs Millimeter Durchmesser. Aber auch Trockenmauern und verlassene Nester anderer Wildbienenarten werden besiedelt. So lange der Natternkopf dort ausreichend große Bestände bildet, ist eine Trockenmauer mit angrenzendem Trockenstandort, in dem einige mit Bohrungen versehene Eichenstämme stehen, ein Natternkopf-Mauerbienenparadies. Wir sollten also hin und wieder ein neues Trockenbeet anlegen oder im alten Beet einige Flächen »zurück auf Start« setzen.

Davon profitieren noch eine Menge weiterer Tiere, die europäische Datenbank »Bladmineerders« führt 89 Arten auf, die am Natternkopf knabbern (Anzahl der Arten jeweils in Klammern): Minierfliegen (3), Blattläuse (5), Schildläuse (1), Stelzenwanzen (1), Blattkäfer (14), Gallmücken (2), der wunderschöne Dichtpunktierte Walzenhalsbock *(Opsilia coerulescens)*, Miniersackträger (1), Randwanzen (2), der Zahnbindenzünsler, Rüsselkäfer (8), Erdwanzen (3), Wippflügelfalter (2), die Natternkopfgallmilbe, Palpenmotten (3), der Sandrasen-Braunstreifenspanner, Miniermotten (1), der Ampfer-Wurzelbohrer, die Borretsch-Wanze, Weichwanzen (13), Glanzkäfer (1), Eulenfalter (5), der Distelfalter, Baumwanzen (4), der Schneckenhaus-Sackträger, Zünsler (1), Schildwanzen (3), Glasflügler (1), Thripse (1), Netzwanzen (4), Wickler (3) und Zikaden (1). Viele dieser Arten sind mehr oder weniger auf Natternkopf spezialisiert. Paul Westrich führt neben der Natternkopf-Mauerbiene 38 weitere Wildbienenarten auf, die an Natternkopfblüten Pollen sammeln.

Waldpflanzen brauchen Laubhumus und vielen Tieren dient Laub als Winterquartier und Lebensraum, links Sauerklee, rechts Leberblümchen

Von wegen Abfall: Lebensraumholz und andere Humusbildner

Naturgärtnerinnen und Naturgärtner machen aus allem, aber wirklich aus allem, einen Lebensraum, nicht nur aus Dächern, Wänden, Zäunen und Mauern, sondern auch aus dem, was ansonsten als Abfall in der Tonne landet. Manche nehmen sogar den »Abfall« ihrer Nachbarn dankbar an. Ob die Bindung von Kohlendioxid im Pflanzengewebe tatsächlich zu einer längeren Entfernung des Kohlenstoffs aus der Atmosphäre führt, entscheidet sich nämlich dann, wenn die Pflanze abgestorben ist: Wird das Gewebe relativ schnell abgebaut oder sogar verbrannt oder trägt es zu einem Aufbau des Kohlenstoffspeichers im Boden bei, also zu einer Vermehrung des Humusanteils? Wenn wir Falllaub, Astschnitt oder Baumstämme als wertvolle Lebensraumelemente für viele Tiere im Garten behalten, dann füttern wir gleichzeitig die Kohlenstoffspeicher im Boden. Außerdem speichert verrottendes Holz auch sehr viel Wasser, was in Hitzeperioden verdunsten kann.

Selbst aktiv werden: **Tiere pflanzen**

Lebensraumholz & Pinselkäfer

Ein prächtiger Blütenbesucher

Pinselkäfer

Da sitzt aber eine merkwürdige Hummel auf dem Wald-Geißbart oder ist das etwas anderes? Die vermeintliche Hummel ist ein puschelig behaarter Käfer. Sogar die Flügeldecken, die bei den meisten Käfern ja metallisch glänzen, sind kurz behaart. Hummeln wehren sich mit einem Stachel, wenn jemand sie fressen möchte. Unser Käfer profitiert von dieser Verwechslung und kann nun in aller Ruhe seiner zweitliebsten Beschäftigung nachgehen: Pollen fressen. Am wichtigsten ist ihm natürlich, dass es auch in den kommenden Jahren wieder puschelig gelbschwarze Käfer gibt. Nachdem sich Weibchen und Männchen gepaart haben, sucht das Weibchen abgestorbenes Laubholz, gerne im feuchten Schatten, dort vermodert es schön weich und die Käferlarven haben genug zu futtern. Die brauchen zwei Jahre dafür, wandern dann in den Boden, wo sie sich verpuppen und im Juni schlüpfen, wenn besonders viele Wildblumen blühen. Wie fast alle ausgewachsenen Insekten sterben die Käfer bald nach der Paarung und Eiablage. Freuen wir uns also an ihnen, wenn wir sie im Blütenmeer entdecken. Es ist auch nicht schwer, sie zu fotografieren, sie verlassen sich auf den Schutz durch ihr Aussehen. Diese Täuschung der Fressfeinde funktioniert, obwohl Käfer ganz andere Ansprüche als Hummeln haben: Sie bevorzugen Blüten, die Pollen offen präsentieren: Rosengewächse wie Wald-Geißbart *(Aruncus dioicus)* oder Wildrosen, Doldenblütler wie die Wilde Möhre und Korbblütler wie Margeriten und Rainfarn. Hummeln saugen dagegen gerne tief im Schlund von Lippenblütlern wie Taubnessel und Ziest.

Es gibt drei Arten bei uns, nur Spezialisten können sie unterscheiden: den Gebänderten, den Südöstlichen und den Glattschienigen Pinselkäfer. Der wärmeliebende Glattschienige Pinselkäfer *(Trichisus zonatus)* war früher selten, breitet sich aber gerade in den östlichen Bundesländern aus. Er scheint sich vor allem in Städten und Dörfern wohlzufühlen, die ersten Funde gab es in Berlin.

Von wegen tot: Abgestorbenes Holz ist voller Leben

Den Kohlenstoffspeicher im Boden füttern – Bio hat die Nase vorn

Den Humusanteil im Boden zu erhöhen, den Boden zu »füttern«, steht im Zentrum der biologischen Produktion von Lebensmitteln. Während »Kunstdünger« zu einem Humusabbau führen, führt die organische Düngung, insbesondere die mit Kompost und Festmist, zu einem Humusaufbau im Boden. Je humusreicher ein Boden ist, desto besser kann er Regenwasser aufnehmen und speichern. Dass der Boden so länger feucht bleibt, schützt das Klima gleich mehrfach: Trockene Böden geben mehr Kohlendioxid ab als feuchte Böden. Außerdem wird die Energie eingespart, die ansonsten für die Bewässerung gebraucht würde, und das Grundwasser wird geschont. Der Verzicht auf Kunstdünger verhindert die Freisetzung von Lachgas, dessen Wirkung als Klimagas 265 Mal stärker ist als die von CO_2. Je Kilogramm Mineraldünger wird Lachgas produziert, das der Wirkung von sechs bis sieben Kilogramm CO_2 entspricht. (Mehr zum Boden auf Seite 44.)

Beim biologischen Landbau wird der Boden immer gut mit Humus versorgt

↑ Bioanbau auf der Staatsdomäne Frankenhausen: Hecken in der Feldflur schützen vor Wind und sorgen dafür, dass der Boden nicht so schnell austrocknet, Grünland speichert Kohlenstoff

↗ Kompost belebt den Boden im Nutzgarten und lässt den Boden mehr Wasser speichern

→ Auch in Afrika, wie hier in Namibia, wird »conservation agriculture« gefördert. Ernteabfälle werden nicht mehr verbrannt, sondern als Mulch eingesetzt, sie schützen den Boden vor Austrocknung und sorgen für einen Humusaufbau.

Einfach ausgedrückt, geht es bei dieser klimagerechten Landbewirtschaftung (auch »*conservation agriculture*« genannt) darum, dass der Boden mehr Kohlenstoff aufnimmt, als er abgibt. Dies wird gefördert durch:

- So wenig Bodenstörung wie möglich,
- Mulchen mit Ernteabfällen,
- Zwischenbegrünung der Flächen in den Zeiten, in denen keine Nutzpflanzen angebaut werden,
- Anbau möglichst vieler verschiedener Pflanzenarten, gleichzeitig oder nacheinander,
- Kombination von Pflanzenbau und Tierhaltung, möglichst auf derselben Fläche,
- Integration von Bäumen (sogenannte »Agroforstsysteme«),
- Integration von Beweidung, da diese die Bildung von dauerhaft gebundenem Kohlenstoff in tieferen Bodenschichten fördert,
- Verhinderung von Erosion durch Wasser und Wind.

Wer einen biologisch bewirtschafteten Nutzgarten hat, erkennt, dass auf Seite 97 im Grunde der Bio-Anbau beschrieben wird, auch wenn es durchaus konventionelle Ansätze gibt, die versuchen, den Bodenkohlenstoffgehalt im Boden zu erhöhen. Dabei wird dann leider der Boden durch massivem Einsatz von Herbiziden gemulcht.

Das Austrocknen der Böden wird nicht nur durch einen Humusaufbau, sondern auch durch kleine Parzellen und Windschutzhecken gebremst.

Die traditionelle Kulturlandschaft ist nicht nur viel schöner als die Agrarwüsten unserer Tage, sondern auch wesentlich leistungsfähiger darin, Kohlenstoff zu binden. Ein Beispiel: Früher war der Mist ein wichtiges Betriebskapital und sorgte für einen humusreichen, gleichmäßig feuchten Boden, heute bringt die industrielle Landwirtschaft den Kohlenstoff, der anderswo in der Welt beim Sojaanbau gebunden wurde, und den Stickstoff, der dort mit Kunstdünger ausgebracht wurde, zusammen mit den Medikamentenrückständen der konventionellen Viehhaltung als gesundheitsschädliche Gülle auf den Feldern aus und nutzt das Land so als Abfalldeponie. In der Folge steigt der Nitratgehalt im Grundwasser auf gesundheitsschädliche Werte.

Im eigenen Garten, vor allem im Nutzgarten, können wir den Boden mit Kohlenstoff füttern. Küchenabfälle gehören nicht in die Mülltonne, sondern auf den Kompost. Natürlich entstehen auch bei der Kompostierung Kohlendioxid und Lachgas, aber ein Teil des Kohlenstoffs wird dauerhaft im Bodenhumus gebunden und dient als umweltfreundlicher Dünger für das selbst gezogene Gemüse. Lebensmittel, die so erzeugt werden, haben nur einen kleinen ökologischen Fußabdruck. Außerdem macht die Pflege und die Ernte von Nahrungsmitteln auch einfach Freude und fördert die psychische Gesundheit.

Früher war Stallmist Lebensraum für zahlreiche Insektenarten. Heute ist Gülle eine große Belastung für Lebensräume und Grundwasser.

Komposthaufen & Nashornkäfer

Keine Angst vor wilden Tieren: Safari im Kompost

Selbst aktiv werden: **Tiere pflanzen**

Große Komposthaufen sind ein Eldorado für zahlreiche Tiere, Igel überwintern hier, auch Eidechsen lieben die großen und warmen Haufen. Die Wärme, die durch die Verrottung entsteht, zieht gelegentlich auch noch seltenere Tierarten an: In manchen Gärten überwintern Ringelnattern im Kompost oder legen hier ihre Eier. Auch der bizarre Nashornkäfer wird immer wieder in Komposthaufen gefunden. Die Larven dieses kleineren Verwandten des großen imposanten Hirschkäfers ernähren sich wie die Hirschkäferlarven von verrottendem Holz, besonders gerne von vergehendem Eichenholz. Im Gegensatz zum Hirschkäfer ist der Nashornkäfer aber etwas flexibler und besiedelt auch Haufen aus Eichenholzabfällen in Sägewerken und Gerbereien und nimmt sogar mit zellulosereichem Material vorlieb, das nicht von Eichen stammt. Die Larven, die mehrere Jahre ungestört futtern müssen, um sich verpuppen zu können, sind bis zu 12 cm lang. Dabei verdaut die Käferlarve das energiearme Futter nicht selbst, sondern überlässt das ihren Darmbakterien. Die eingesponnenen Puppen können so groß werden wie ein Gänseei. Schon vor dem Beginn der Eiszeiten vor drei Millionen Jahren krabbelten die wärmeliebenden Käfer durch die damals viel wärmeren und sehr artenreichen Baumhaine. Bei uns ist der Nashornkäfer zu einem Kulturfolger geworden. Von Komposthaufen zu Komposthaufen scheint er sich in letzter Zeit sogar auszubreiten. Dabei sind die martialisch aussehenden Käfermännchen, genauso wie die ungiftigen Ringelnattern, völlig harmlos. Die Männchen nutzen ihre Hörner übrigens ganz ähnlich wie die Nashörner in den afrikanischen Savannen, um mit ihren Rivalen die Kraft zu messen. Es gibt aber einen gewissen Anteil an Männchen, die keine Hörner ausbilden. Sie werden so von ihren Rivalen nicht erkannt und können damit ohne Stress in die Nähe der Weibchen kommen. Damit ein Komposthaufen für möglichst viele Tiere attraktiv ist, sollten wir ihn möglichst groß dimensionieren und so selten wie möglich umsetzen.

Nashornkäfer

Besonders große und selten umgesetzte Komposthaufen sind ein wertvoller Lebensraum

Naturnahe Flächen als Trittsteinbiotope

Naturnahe Bautechniken und naturnahe Pflanzenverwendung, also die Bevorzugung einheimischer Wildpflanzen, wurden nicht entwickelt, um der Klimakrise entgegenzuwirken. Dass sie das tun, liegt wohl daran, dass ein achtsames, möglichst wenig zerstörerisches Handeln dazu neigt, viele positive Wirkungen zu haben. Aber auch das eigentliche Ziel des naturnahen Gärtnerns, nämlich möglichst vielen Tieren und Pflanzen einen Lebensraum zu bieten, wird in der Klimakrise immer wichtiger. Zumal Naturgenuss auch einfach glücklich macht.

Denn wir haben mit der Klimaerwärmung Tiere und Pflanzen auf die Reise geschickt, sie müssen in Regionen wandern, die ihren Ansprüchen wieder mehr entsprechen. Vögel und Fluginsekten können größere Entfernungen leicht überbrücken, aber »Fußgänger« brauchen Wanderkorridore. Biotopverbundsysteme wie

Naturnah angelegte Fläche schaffen Wanderkorridore für Pflanzen und Tiere

Hecken, aber auch naturnah gestaltete und gepflegte Ränder von Verkehrswegen, also an Straßen, Schienenwegen oder an Fließgewässern, sind dafür unbedingt notwendig. Meist werden solche Flächen ja mit Mulchmähern und Buschhackern irgendwie kurz gehalten, wobei sehr viele Tiere zu Schaden kommen. Diese grünen Restflächen sollten endlich als wichtige Wanderflächen wahrgenommen und entwickelt werden. Das gilt insbesondere für stillgelegte Gleisanlagen und große innerstädtische Grünflächen.

Wenn viele Gärten und Parks naturnah gestaltet werden, können bald auch im besiedelten Raum durchgängige Biotopverbünde entstehen. Je nach Ausbreitungsverhalten der Tier- und Pflanzenarten können aber auch unverbundene Flächen Wanderungen erleichtern. Jeder naturnahe Garten kann als Trittsteinbiotop dienen und je näher sich die Trittsteine sind, desto besser funktioniert das Ganze.

Naturnahe Gärten sind wie Trittplattenwege, Trittsteinbiotope eben.
Schön, wenn der Schritt von Platte zu Platte nicht so weit ist.

Naturnahe Flächen in der Landschaft …

… und an Straßenrändern sind wichtige Bestandteile des Biotopverbundes

Auch Brachflächen in Wert setzen

Wie wir auf Seite 55 gesehen haben, sind halboffene, mit Bäumen, Sträuchern und höherer krautiger Vegetation bewachsene Flächen besonders effektiv darin, abkühlend auf das Kleinklima zu wirken. Nicht nur naturnah gestaltete Grünflächen passen besonders gut in dieses Bild oder, etwas technischer ausgedrückt, in dieses Anforderungsprofil. Auch Brachflächen haben ganz ähnliche Eigenschaften. Und auf uninformierte Menschen können naturnahe Grünflächen durchaus erst einmal wie »ungepflegte« Brachflächen wirken. Denn hier wachsen unbekannte Pflanzen, nämlich einheimische Wildpflanzen. Die sind zwar meist unbekannt, aber eindeutig als Nicht-Gartenpflanze zu erkennen. Schnell liegt der Schluss nahe, dass es sich hier um Unkraut handelt. Die Abwesenheit von Gehölzen mit »Hausmeisterschnitt« und die Anwesenheit von trockenen Staudenstängeln und anderem Material, was im konventionellen Garten als Abfall in der Tonne landet – wie totes Holz oder Laub – verstärkt den Eindruck noch. Vor der Entdeckung der Schönheit von Pflanzen und Tieren auf einer naturnahen Fläche schafft dieses Vor-Urteil eine Hürde, die erst einmal zu überwinden ist. Drei Wege zum Überwinden dieser Hürde, die der erste Eindruck schafft, bzw. dazu, dass sie sich erst gar nicht in den Weg stellt, gibt es: Partizipation, Information und Gestaltung.

Wenn Bürgerinnen und Bürger bei der Planung mitwirken können *(Partizipation)* und wenn sie, zum Beispiel auf Schautafeln, informiert werden *(Information)*, welche Tiere hier gefördert werden sollen, dann kann die Schönheit naturnaher Flächen wahrgenommen und wertgeschätzt werden. Und drittens unterstreicht eine gute *Gestaltung,* dass es sich hier nicht um eine Brachfläche, sondern um einen wohlüberlegt angelegten Garten handelt.

In ähnlicher Weise können übrigens auch die für die biologische Vielfalt und für die Abkühlung des Kleinklimas wichtigen Brachflächen mehr Akzeptanz bekommen: Wenn über ihren Wert informiert wird und wenn gestalterische Elemente die Flächen erschließen. Trockene Stängel und unbekannte einheimische Wildpflanzen werden dann nicht mehr als Zeichen von Vernachlässigung wahrgenommen, sondern sind ein Zeichen für das Engagement für unsere Biodiversität und die Gesundheit der Mitmenschen.

So können naturnahe Gärten auch dafür sorgen, das Politikerinnen und Politiker Brachflächen nicht mehr zuerst als Bauerwartungsland wahrnehmen, sondern vielleicht erst prüfen, welchen Wert die Fläche für den Schutz der Natur und das Gemeinwohl hat.

Brachfläche Gartenstraße in Bonn, hier kamen Kreuzkröten vor ↓, bevor die Fläche zur Bebauung freigegeben wurde →

Je trockener das Land, desto mehr wird es vom Wasser der Starkregenereignisse geformt

Neue Wege für das Regenwasser: die Schwammstadt

Schwamm statt Trockeninsel

Zusammengefasst liegt der Hauptvorteil naturnaher Flächen darin, dass auf ihnen anders mit Regenwasser umgegangen wird. Es wird, wo immer möglich, auf der Fläche zurückgehalten, verdunstet oder versickert, steht also in Hitzeperioden als »Kühlmittel« zur Verfügung. Damit passen naturnah gestaltete Flächen perfekt in das Konzept der »Schwammstadt«. Diese neue Art mit Regenwasser umzugehen, versucht, unsere Städte und Dörfer so umzugestalten, dass sie wie Schwämme das Regenwasser festhalten. So kann der natürliche Wasserkreislauf wiederhergestellt werden und der Absenkung des Grundwassers entgegengewirkt werden.

Mehr Starkregen-Ereignisse in der Klimakrise

Die Klimakrise hat jetzt schon dazu geführt, dass extreme Regenfälle global und insbesondere auf der Nordhalbkugel signifikant zugenommen haben. Das Klima in Mitteleuropa wird also mediterraner, im Sommer wird es mehr Trockenperioden geben, aber wenn es dann regnet, dann fällt oft sehr viel Regen in kurzer Zeit vom

Himmel. Das wird dann als »Starkregen-Ereignis« bezeichnet. Eine genaue Definition für ein Starkregen-Ereignis gibt es noch nicht. Der Deutsche Wetterdienst warnt vor Starkregen, wenn zu befürchten steht, dass innerhalb einer Stunde mehr als 25 l/m^2 oder innerhalb von sechs Stunden mehr als 35 l/m^2 fallen. Wenn die Werte auf 40 l/m^2 in einer Stunde und 60 l/m^2 innerhalb von sechs Stunden steigen, wird von extremem Unwetter gesprochen. Bei der Hochwasserkatastrophe 2021 fielen in Hagen (Nordrhein-Westfalen) innerhalb von 22 Stunden 241 l/m^2. Es wird davon ausgegangen, dass solche Ereignisse in Zukunft weiter zunehmen, da bei höherer Lufttemperatur mehr Wasserdampf in der Luft ist. Die Schäden durch Starkregen werden durch die immer weiter zunehmende Versiegelung noch verstärkt. Allein für Nordrhein-Westfalen wurde für die Zeit bis 2030 ein Schadenspotenzial von 14 Milliarden Euro prognostiziert. Starkregen treten, im Gegensatz zu Überflutungen an Flüssen und an der Küste, sehr lokal und unkalkulierbar auf. Schon heute übertrifft die Schadenshöhe durch Starkregen die Schäden durch Flüsse, die über die Ufer treten.

Trockenperioden und Starkregen fördern Erosion

Wenn es nach einer heißen und trockenen Zeit endlich wieder regnet, fühlt sich das herrlich an, der Duft der Erde lässt uns tief durchatmen. In einem mediterranen Klima ist es aber oft nur ein scheinbarer Segen. Denn gerade ein ausgetrockneter Boden kann manchmal das viele Regenwasser gar nicht aufnehmen, da alle

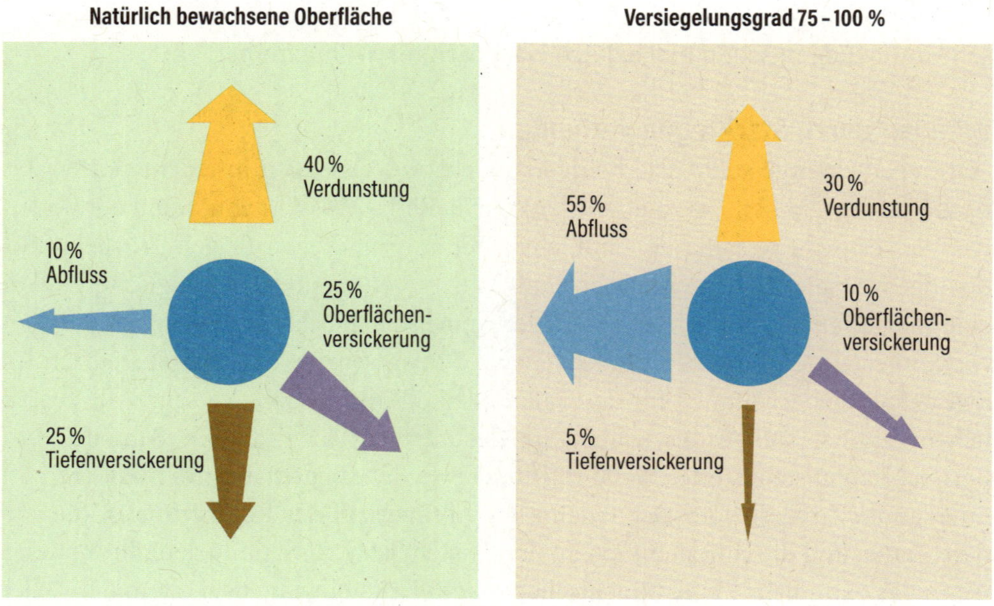

Natürlicher Regenwasserkreislauf und Regenwasserablauf im besiedelten Raum

Typischer Starkregenschaden – das Abwasser kommt aus Sanitärobjekten im Keller – unterhalb der Rückstauebene

Souterrainfenster, davor eine abflusslose Fläche ohne Entwässerung auf Höhe der Brüstung, hier läuft das Regenwasser bei Starkregen in den Keller

Bodenporen mit Luft gefüllt sind und die Luft nicht so schnell entweichen kann. Das kostbare Nass läuft dann oberirdisch ab und nach dem Regen ist der Boden, abgesehen von den oberen Zentimetern, immer noch knochentrocken. In solchen Situationen ist die Erosionsgefahr besonders groß und aus den Sturzfluten werden sehr schnell Schlammfluten. Vor allem die oberen Zentimeter eines Maisackers schwimmen dann schon mal bei den Nachbarn ins Wohnzimmer.

Schäden durch Starkregen verhindern

Starkregenvorsorge sollte also bei jedem Gebäude, also auch in jedem Garten, bedacht werden. Da heißt es zu überlegen: Wo fließt das Wasser denn, wenn der Boden das Wasser nicht aufnehmen kann, entweder aufgrund einer langen Trockenperiode oder weil alle Bodenporen schon mit Wasser gefüllt sind? Neuralgische Punkte sind alle abflusslosen Flächen wie Kellertreppen, Lichtschächte und Abgrabungen vor Souterrainfenstern. Sie brauchen eine Entwässerung und ein ausreichendes Zwischenspeichervolumen für den Fall, dass die Entwässerung versagt. Alle zusätzlichen Zuflüsse sollten durch über die Geländeoberfläche ragende Bauteile, zum Beispiel Kantensteine, oder Wälle verhindert werden. Regenfallrohre markieren oft unerkannte Zuflüsse vom Dach, denn der Notüberlauf der Regenrinne ist die vordere Kante, und die läuft natürlich an der tiefsten Stelle, also am Regenfallrohr, über. Wenn das dann neben einem Lichtschacht oder Kellereingang liegt, kann der Keller schnell zum ungewollten Notüberlauf des Daches werden.

Besonders kritisch sind Hangsituationen

Abflusslose Situationen

Nach dem Blick auf die möglichen Eintrittspforten des Regenwassers ins Gebäude empfiehlt es sich auch, das Wassereinzugsgebiet für jede der Eintrittspforten anzuschauen. Vor allem an Hängen kann das sehr groß sein. Gärten müssen dann so gestaltet sein, dass das Regenwasser am besten möglichst weit weg vom Haus und neben dem Haus nach unten geführt wird. Besonders problematisch ist eine durchgehende Reihenhausbebauung am Hang. Hier muss vor allen möglichen Eintrittsöffnungen ins Haus ein genügend großer Zwischenspeicher und gegebenenfalls eine Entwässerungseinrichtung vorgesehen werden. Auf ebenerdige, barrierefreie Austritte sollte in solch kritischen Situationen ganz verzichtet werden.

Abläufe vor ebenerdigen Austritten sind vorgeschrieben, viele Hausbesitzer verzichten aber aus Kostengründen gerne darauf, da sie davon ausgehen, dass das vorgeschriebene Gefälle aller Flächen vom Haus weg genügt. Da hilft eine kurze Abschätzung der anfallenden Wassermassen: Starkregenereignisse mit weit über 100 l/m² sind auch hierzulande möglich. In abflusslosen Situationen sollte also ein Volumen, das sich aus der Multiplikation der Einzugsfläche mit der Regenmenge ergibt, gefahrlos zwischengespeichert werden können. Insofern wird die Vorschrift, dass in Lichtschächten die Geländeoberkante 15 cm unter der Fensterbrüstung liegen muss, schon verständlich. Ohne »erweitertes Wassereinzugsgebiet« entsprechen 100 l/m²

Abläufe unterhalb der Rückstauebene entwässern, am besten in eine Rigole oder Versickerungsmulde: Hier war durch den Hang hinter dem Haus ein Ablauf in eine Sickermulde möglich. Foto rechts: dieselbe Situation nach einem Jahr

einem Wasserstand von 10 cm, wenn dann noch das Regenwasser, das die Fassade herunterläuft, dazukommt, sind wir schnell bei einem Wert von 150 l/m² bzw. 15 cm.

Aber gibt es nicht auch vor jedem Kellerfenster einen Ablauf? Nun, Abläufe können verstopft sein, das sind sie sogar meistens, weil die Wartung vergessen wird. Obwohl nicht erlaubt, werden sie oft an die Kanalisation angeschlossen. Wenn die Rückstauebene der Kanalisation – das ist der nächstgelegene Kanaldeckel – über dem Niveau der Entwässerungseinrichtung liegt, dann tritt aus dem Einlauf bei einem Starkregenereignis Abwasser. Der Einbau einer Rückstauklappe hilft da wenig, denn dann funktioniert die Entwässerung gerade dann nicht, wenn sie besonders dringend benötigt wird. Rückstaupumpanlagen, die bei Rückstau das Abwasser auch gegen den Rückstau in die Kanalisation pumpen können, sind noch nicht sehr verbreitet.

Wichtige Entwässerungen vor Türen und in abflusslosen Situationen werden also am besten an Rigolen oder Versickerungsmulden angeschlossen. Bei ausreichender Dimensionierung ist ein Rückstau ausgeschlossen.

Wir müssen also unsere eigenen Gebäude schützen, aber auch jede Kommune muss Notwasserwege für Starkregenereignisse planen. Diese sollten aber nicht in den nächsten Fluss oder Bach führen, sondern das Regenwasser in Versickerungseinrichtungen zwischenspeichern, damit der Grundwasserspeicher, also der »Schwamm«, wieder gefüllt wird.

Technischer Sickergraben

Dieselbe Fläche nach der naturnahen Umgestaltung

Versickerungseinrichtungen naturnah statt technisch

Die Wasserrahmenrichtlinie schreibt vor, dass Regenwasser möglichst vor Ort versickert wird. Auf dem eigenen Grundstück müssen bei Neubauten entweder Sickerschächte, Rigolen oder Versickerungsmulden gebaut werden. Im öffentlichen Raum gibt es dann auch wesentlich größer dimensionierte Rigolensysteme oder Regenrückhaltebecken, aber auch kleinere Sickergräben, zum Beispiel zur Oberflächenentwässerung an Parkplätzen. Leider werden immer noch – ähnlich wie bei Ausgleichs- und Ersatzmaßnahmen – zahlreiche Ausnahmen genehmigt oder sogar die Versickerung von Regenwasser verboten, weil der Kommune dadurch die Gebühreneinnahmen entgehen. Das Regenwasser landet dann selbst in Neubaugebieten wieder in der Kanalisation.

Und wenn Regenrückhaltebecken oder andere Versickerungseinrichtungen dann gebaut werden, kommen sie meist sehr technisch daher, von einem hohen Zaun umgeben, mit sehr steilen Ufern (damit möglichst wenig »wertvolle Fläche« verbraucht wird), in rechteckiger Form und mit Rasen eingesät. Ein verlorener Ort.

Ein weiterer Grund für die steilen Ufer ist die unterirdische Ableitung von Regenwasser aus Regenfallrohren in der vorgeschriebenen frostfreien Tiefe (also mindestens 80 cm tief). Da muss die Versickerungsmulde, wenn sie auf derselben Höhe liegt wie das Gelände am Haus, mindestens 1,10 m tief sein, um 30 cm einstauen zu können. Bei einem Gelände mit Gefälle ist es einfacher, hier wird die Versickerungsmulde am besten an der tiefsten Stelle gebaut.

Versickerungseinrichtungen und Rückhaltebecken werden meist ausschließlich nach technischen Anforderungen geplant

Wenn es regnet, gehen die Kinder raus zum Spielen: Muldenrinnen machen Regenwasser zum Naturerlebnis

Vor der Regulierung der Flüsse gab es im Überschwemmungsbereich, wie hier am Oberlauf der Isar, große trockene, kiesig-sandige Flächen, die nur gelegentlich überflutet wurden. Hier finden wir die Pflanzenarten für Versickerungsmulden.

Wenn wir das Regenwasser nicht in der Erde verschwinden lassen, sondern gleich oberirdisch in Muldenrinnen ableiten, dann sparen wir uns diese ungünstigen 80 cm zusätzliche Tiefe einer technischen Versickerungseinrichtung und unsere Becken können angenehm flach angelegt werden.

So können wir die Flächen für die Regenwasserversickerung wieder in die Grün- und Erholungsräume zurückholen. Und statt nur technisch langweilig der Versickerung zu dienen, können hier Flächen angelegt werden, die gleichzeitig die biologische Vielfalt fördern und das Erleben eigendynamischer Natur, insbesondere auch der Natur des Wassers. Wie auf Spielplätzen sollten gut zugängliche temporäre Wasserflächen nicht tiefer sein als 40 cm. In temporären Wasserflächen entwickeln sich – anders als in dauerhaft wasserführenden Teichen – gerne Mücken. Dies kann verhindert werden, wenn im Bereich größerer Versickerungsflächen kleine Teiche angelegt werden. Dann gibt es genügend Libellen und andere Mückenlarvenvertilger.

Während naturnah gestaltete Gartenflächen immer als Zusatznutzen die Versickerung von Regenwasser fördern und dem Konzept der Schwammstadt dienen, können naturnah und nicht technisch gestaltete Versickerungsflächen quasi anders herum als Zusatznutzen die Biodiversität fördern.

Weidenblättriges Ochsenauge

Baldrian

Blutweiderich

Bepflanzung von Versickerungseinrichtungen

Aber mit welchen einheimischen Wildpflanzen kann das Potenzial von Versickerungseinrichtungen für die Förderung der biologischen Vielfalt am besten entwickelt werden? Als Erstes denken die meisten wahrscheinlich an Sumpfpflanzen. Nur was passiert dann in den trockenheißen Wetterperioden? Außerdem müssen Versickerungseinrichtungen zur Reinigung des Wassers mit einer gut durchlässigen, belebten Bodenschicht angelegt werden, also mit einem zwar humusreichen, aber auch sandigen Substrat. Das trocknet leicht aus. Wenn es nicht regnet, ähnelt die Fläche also eher einem Trockenstandort. Wir brauchen deshalb Pflanzenarten, die sowohl mit trockenem Boden als auch mit kurzfristigen Überschwemmungen gut zurechtkommen. Ob es die überhaupt gibt?

Unsere wohlgeordnete Landschaft hat tatsächlich kaum mehr solche Standorte. Alles bleibt meist, wie es ist: Wald bleibt Wald, feuchte Wiesen bleiben feucht, Trockenrasen trocken. Und wenn dann mal an einem Fluss ein Wald oder ein Trockenrasen überschwemmt wird, dann wird das gleich als Katastrophe wahrgenommen. Dabei gab es vor den stark regulierenden Eingriffen des Menschen in die Dynamik der Fließgewässer viele Flächen, die mal nass und mal trocken waren. In der Nähe der großen Flüsse gab es immer Flusssand, der zu trockenen Dünen aufgeweht wurde, dann aber bei Überschwemmungen auch einmal überflutet und vielleicht sogar abgetragen wurde.

Das Gleiche gilt für Schotterflächen, die ständig umgelagert wurden. Unmittelbar benachbarte und ineinander übergehende, knochentrockene und sumpfige Bereiche sind typisch für unregulierte Fluss- und Bachlandschaften. Über die Reste solcher Landschaften, wie z. B. die Lechtalheiden, konstatieren dann Pflanzensoziologen erstaunt, dass sich die Vegetation der genauen Zuordnung entzieht. Sumpf-Gladiole *(Gladiolus palustris)* und Ästige Graslilie *(Anthericum ramosum)* wachsen dort munter auf knochentrockenen Standorten. Die feste Zuordnung mancher Pflanzenarten zu bestimmten Standorten liegt also vielleicht an der starren Ordnung, die wir Menschen unserer Landschaft gegeben haben, bevor die Pflanzensoziologie

Im Schmetterlingsparadies Königsbrunner Heide wachsen Sumpf-Gladiolen und die trockenheitsliebenden Graslilien dicht benachbart. Dort sind Schachbrettfalter zu Hause.

entstand. Und der Blutweiderich *(Lythrum salicaria)*, der zu unserem Erstaunen auf dem begrünten Dach oder im Blumentopf ganz gut gedeiht, ist auch ein Zeichen dieses Potenzials der Pflanzen der Flusstäler.

Nicht alle der Arten, die auf gelegentlich überschwemmten Standorten wie den Lechtalheiden oder den Sandheiden an der Elbe vorkommen, werden in der Fachliteratur als Arten wechselfeuchter Standorte eingeordnet. Es gibt also sehr viele Arten, die wir auf Sickerflächen ansiedeln können.

Dauerhaft oder nur zeitweise vorhandene Gewässer sind ein wichtiger Beitrag zur Klimaanpassung

Pflanzen wechselfeuchter Standorte, eher feucht

Wissenschaftlicher Name Deutscher Name	Höhe Blütenfarbe	März	April	Mai	Juni	Juli	Aug.	Sept.	Okt.	Nov.	Anmerkungen
Pulmonaria angustifolia Schmalblättriges Lungenkraut	30 cm rotblau	✿	✿	✿							W
Gagea lutea Wald-Goldstern	20 cm gelb		✿	✿							W ❹
Pulmonaria mollis Weiches Lungenkraut	35 cm purpurviolett		✿	✿							W, wintergrün
Geum rivale Bach-Nelkenwurz	60 cm rotbraun		✿	✿	✿	✿					W ❷
Lathyrus bauhini Ungarische Platterbse	50 cm purpurviolett			✿	✿						W
Euphorbia palustris Sumpf-Wolfsmilch	100 cm gelb			✿	✿						W ❻
Lotus maritimus Gelbe Spargelerbse	40 cm gelb			✿	✿						S
Iris sibirica Sibirische Schwertlilie	80 cm blau			✿	✿						W ❶
Lysimachia nummularia Pfennig-Gilbweiderich	20 cm gelb			✿	✿	✿					W ⓮ wintergrün
Primula farinosa = rosea Mehl-Primel	20 cm lilarosa			✿	✿	✿					W ⓫
Gypsophila repens Kriechendes Gipskraut	25 cm weiß			✿	✿	✿	✿				F, wintergrün
Valeriana officinalis Arznei-Baldrian	200 cm rosaweiß			✿	✿	✿	✿				W
Spergularia rubra Rote Schuppenmiere	25 cm rosa			✿	✿	✿	✿	✿			W, wintergrün
Gladiolus palustris Sumpf-Gladiole	60 cm purpurrot				✿	✿					W ❸
Thalictrum flavum Gelbe Wiesenraute	120 cm gelb				✿	✿					W
Thalictrum lucidum Glänzende Wiesenraute	120 cm gelb				✿	✿					S
Cirsium rivulare Bach-Kratzdistel	120 cm purpur				✿	✿					W
Lilium bulbiferum Feuer-Lilie	100 cm orange				✿	✿					F
Hypericum x desetangsii Des Étangs' Johanniskraut	100 cm gelb				✿	✿	✿				W
Lysimachia vulgaris Gewöhnlicher Gilbweiderich	150 cm gelb				✿	✿	✿				W ⓯

Abkürzungen siehe Seite 118

1 | Sibirische Schwertlilie
2 | Bach-Nelkenwurz
3 | Sumpf-Gladiole
4 | Wald-Goldstern
5 | Sumpf-Ziest
6 | Sumpf-Wolfsmilch
7 | Schwalbenwurz-Enzian
8 | Großer Wiesenknopf
9 | Gewöhnlicher Teufelsabbiss
10 | Färber-Scharte

11 | Mehl-Primel
12 | Schwanenblume
13 | Weidenblättriger Alant
14 | Pfennig-Gilbweiderich
15 | Gewöhnlicher Gilbweiderich
16 | Breitblättriges Laserkraut
17 | Strand-Ehrenpreis

Wissenschaftlicher Name Deutscher Name	Höhe Blütenfarbe	März	April	Mai	Juni	Juli	Aug.	Sept.	Okt.	Nov.	Anmerkungen
Saxifraga aizoides Fetthennen-Steinbrech	20 cm gelb				✿	✿	✿				F, wintergrün
Gratiola officinalis Gottesgnadenkraut	40 cm weißlich				✿	✿	✿				W
Laserpitium siler Berg-Laserkraut	150 cm weiß				✿	✿	✿				F
Dipsacus fullonum Wilde Karde	160 cm violett				✿	✿	✿				W, wintergrün
Cirsium tuberosum Knollige Kratzdistel	120 cm purpur				✿	✿	✿				W
Butomus umbellatus Schwanenblume	150 cm rosarot				✿	✿	✿				W ⓬
Solanum dulcamara Bittersüßer Nachtschatten	200 cm violett				✿	✿	✿				W
Hieracium aurantiacum Orangerotes Habichtskraut	40 cm orange				✿	✿	✿				W, wintergrün
Gentiana acaulis Stengelloser Enzian	10 cm blau				✿	✿	✿				F
Lythrum salicaria Gewöhnlicher Blutweiderich	200 cm purpurrosa				✿	✿	✿				W
Stachys palustris Sumpf-Ziest	100 cm purpurrosa				✿	✿	✿				W ❺
Geranium palustre Sumpf-Storchschnabel	80 cm rotviolett				✿	✿	✿				W
Veronica maritima Strand-Ehrenpreis	100 cm blau				✿	✿	✿				W ⓱
Sanguisorba officinalis Großer Wiesenknopf	100 cm weinrot				✿	✿	✿				S, F ❽
Dianthus superbus ssp. *superbus* Pracht-Nelke	40 cm rosalila				✿	✿	✿	✿			W
Inula salicina Weidenblättriger Alant	75 cm gelb				✿	✿	✿	✿	✿		W ⓭
Mentha arvensis Acker-Minze	30 cm lila				✿	✿	✿	✿	✿		W
Pulicaria dysenterica Großes Flohkraut	60 cm gelb					✿	✿				W
Epilobium fleischeri Fleischer-Weidenröschen	40 cm rosa					✿	✿				W
Allium angulosum Kantiger Lauch	60 cm rosa					✿	✿				W

Abkürzungen siehe Seite 118

Wissenschaftlicher Name Deutscher Name	Höhe Blütenfarbe	März	April	Mai	Juni	Juli	Aug.	Sept.	Okt.	Nov.	Anmerkungen
Galium boreale Nordisches Labkraut	50 cm weiß					✿	✿				W
Laserpitium latifolium Breitblättriges Laserkraut	200 cm weiß					✿	✿				W 16
Selinum carvifolia Kümmel-Silge	100 cm weiß					✿	✿				W
Gentiana asclepiadea Schwalbenwurz-Enzian	60 cm blau					✿	✿				W 7
Succisa pratensis Gewöhnlicher Teufelsabbiss	80 cm blauviolett					✿	✿				S 9 wintergrün
Laserpitium prutenicum Preußisches Laserkraut	100 cm gelblich weiß					✿	✿				W
Inula salicina Weidenblättriger Alant	40 cm gelb					✿	✿				W
Cirsium canum Graue Kratzdistel	100 cm purpur					✿	✿				W
Parnassia palustris Sumpf-Herzblatt	30 cm weiß					✿	✿	✿			W
Serratula tinctoria Färber-Scharte	100 cm rotviolett					✿	✿	✿			S 10
Eupatorium cannabinum Wasserdost	175 cm rosa					✿	✿	✿			F
Allium suaveolens Wohlriechender Lauch	50 cm rosa					✿	✿	✿			W
Jacobaea erucifolia Raukenblättriges Greiskraut	120 cm gelb					✿	✿	✿			W
Cnidium dubium Brenndolden-Silge	90 cm weiß						✿	✿			W
Colchicum autumnale Herbstzeitlose	25 cm lilarosa						✿	✿	✿	✿	W
Gräser											
Typha minima Kleiner Rohrkolben	70 cm braun			✿	✿						F
Calamagrostis varia Berg-Sandrohr	120 cm grünlich					✿	✿				F

Bedeutung der Abkürzungen:
W = Art kommt normalerweise auf wechselfeuchtem Standort vor
S = Art wird nicht als wechselfeucht eingestuft, aber Vorkommen auf Sandheiden in der Nähe der Elbe
F = Art wird nicht als wechselfeucht eingestuft, aber Vorkommen auf Flussschotterheiden im Voralpenraum

Baldrian-Scheckenfalter & Baldrian

Egal, ob trocken oder feucht – Hauptsache Baldrian

Selbst aktiv werden: **Tiere pflanzen**

Die Raupen von drei Scheckenfalter-Arten fressen an Echtem Baldrian: der Rote Scheckenfalter *(Melitaea didyma)*, der Wachtelweizen-Scheckenfalter *(Melitaea athalia)* und der Baldrian-Scheckenfalter *(Melitaea diamina).* Alle drei Arten gehen stark zurück und werden in der Roten Liste geführt. Als Grund wird der Rückgang trockenheißer Standorte wie Magerrasen und Halbtrockenrasen durch Bewaldung, die Mahd von Waldwegrändern und Waldwiesen und die naturnahe Waldbewirtschaftung mit einem Verzicht auf Kahlschläge angegeben. Erstaunlicherweise kommt der Baldrian-Scheckenfalter, dessen Raupen ausschließlich an Baldrian-Arten leben, sowohl in sehr trockenen Lebensräumen als auch in Mooren vor. Damit folgt dieser Schmetterling seiner Futterpflanze, denn obwohl wir Baldrian meist auf feuchten Wiesen an Grabenrändern finden, gibt es ihn auch in Naturschutzgebieten, die für ihre trockenen Magerrasen bekannt sind, wie auf dem Hesselberg in Franken. Es gibt etliche Pflanzenarten, die sowohl auf trockenen als auch auf feuchten oder nassen Standorten vorkommen, Hauptsache, es gibt genügend Licht. Sie können auch gut mit zeitweisen Überschwemmungen umgehen und damit sind solche Arten besonders gut für Versickerungsmulden geeignet, die ja auch nur selten überschwemmt werden. Ob solch seltene Arten wie unsere drei Scheckenfalter sich auch an großen Versickerungsmulden ansiedeln können? Wichtig wären da wohl ein Vorkommen in der Nähe und eine biodiversitätsfördernde Pflege, die in einigen Bereichen trockene Stängel belässt. Denn die Raupen des Roten Scheckenfalters überwintern in leeren Fruchtkapseln, die beiden anderen Arten in Gespinsten an den Futterpflanzen.

Baldrian-Scheckenfalter

Auch wenn nun keine Scheckenfalter kommen: Baldrian ist ein Insektenmagnet. Zahlreiche Käfer, Falter und Wildbienen umschwirren die Blüten.

An der Pflanze knabbern außerdem neben den drei Scheckenfaltern laut Datenbank »Bladmineerders« zahlreiche weitere Krabbeltierarten (Anzahl der Arten jeweils in Klammern): Langhornmotten (1), Minierfliegen (5), Mottenschildläuse (1), Nematoden (2), Blattläuse (9), Gallmücken (2), Schildläuse (1), Gallmilben (1), Spanner (9), Bodenwanzen (1), Weichwanzen (1), Eulenfalter (1), Baumwanzen (1), Feuerwanzen (1), Blattwespen (1), Wickler (1) und Blattflöhe (1).

Arznei-Baldrian

Schöne Versickerungsflächen
Interview mit Markus Kumpfmüller

***Ulrike Aufderheide:** Seit wann beschäftigen Sie sich vermehrt mit dem Thema »Schwammstadt« bzw. Regenwasser im besiedelten Raum?*

Markus Kumpfmüller: Den Begriff »Schwammstadt« habe ich erstmals im November 2017 bei einer Tagung der Österreichischen Gesellschaft für Landschaftsarchitektur (ÖGLA) und der Höheren Bundeslehr- und Forschungsanstalt für Gartenbau (HBLVA Schönbrunn) in Wien näher kennengelernt. Ein paar Jahre davor machte ich Bekanntschaft mit dem Konzept der blau-grünen Infrastrukturen. Der verantwortliche Umgang mit Regenwasser im Siedlungsraum beschäftigt mich seit meinem Studium in Wien in den 1980er-Jahren. Drei Persönlichkeiten haben mich dabei wesentlich beeinflusst: Herbert Dreiseitl, der damals am Beginn seiner Karriere stand, Bernd Lötsch mit seiner Vorlesung über Stadtökologie und Hans Loidl, der uns als Studenten in Berlin interessante Projekte gezeigt hat.

DI Markus Kumpfmüller ist Landschaftsarchitekt und betreibt mit seiner Frau Edith Kals in Steyr ein Ingenieurbüro für Landschaftsplanung. In zahlreichen Gemeinden ist er als Berater, Planer und Referent tätig. Er bearbeitet innovative nachhaltige Projekte für Gemeinden, Betriebe, Wohnbaugenossenschaften und andere Organisationen – stets mit dem Ziel, die Lebensqualität von Menschen, Pflanzen und Tieren zu steigern. Als Vorstand des REWISA-Netzwerkes und als Klimabündnisbetrieb setzt er sich für klimaschonende und biodiversitätsfördernde Lösungen ein. Nebenbei ist er als Referent für verschiedenste Organisationen tätig. Markus Kumpfmüller hat schon früh erkannt, wie wichtig es ist, Regenwasser zu versickern. Er setzt sich für eine ästhetisch ansprechende und biodiversitätsfördernde Gestaltung von Versickerungsflächen ein.

Was planen Sie da konkret?

In den meisten Fällen sind die Ausformung der Mulden und die normgemäß geforderte Filterschicht aus 30 cm Humus vorgegeben. Uns bleibt nur die Entscheidung, ob wir eine einmähdige Vegetation als Hochstaudenflur oder eine zwei- bis dreimähdige Blumenwiese vorsehen. In weiterer Folge obliegt uns die Pflanzplanung – also die Artenauswahl und die Entscheidung über Pflanzung oder Ansaat. Und in weiterer Folge so oft wie möglich die Bauaufsicht.

Meist werden solche Flächen ja sehr technisch angelegt, wie sehen Ihrer Meinung nach naturnahe Lösungen aus?

Am wichtigsten ist, dass die Böschungen möglichst sanft ausgeführt werden – also 1:4 oder flacher. Das ist allerdings häufig aufgrund der eingeschränkten Platzverhältnisse nicht möglich. Auch eine organische Ausformung wäre vorteilhaft – aber auch das ist nur in Ausnahmefällen realisierbar. Parkplätze und Straßen sind nun einmal technische Bauwerke. Die naturnahe Begrünung mit artenreichen heimischen Wildblumen und Gräsern kann da zumindest einiges abmildern. Den Hummeln ist es egal, ob ihre Futterpflanzen auf einer rechteckigen oder einer nierenförmigen Fläche blühen.

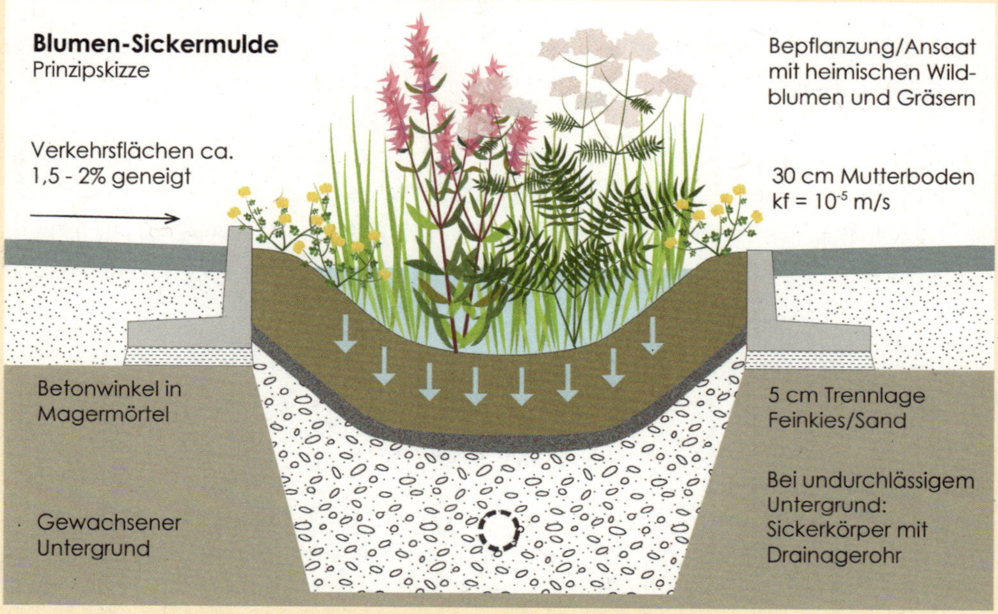

Sickermulden können zu wertvollen wechselfeuchten Lebensräumen werden, wenn hier einheimische Wildpflanzen wachsen dürfen

Eigentlich war der verantwortliche Umgang mit Regenwasser ja immer schon sinnvoll. Gibt es zurzeit eine vermehrte Nachfrage nach solchen Flächen?

In meinem Bundesland Oberösterreich gehören Rückhalt bzw. Versickerung von Regenwasser mittlerweile zum Standardprogramm bei größeren Bauvorhaben. Allerdings werden Versickerungsflächen nur zum Teil als oberflächliche Mulden ausgebildet. In vielen Fällen werden Sickerschächte bevorzugt.

Welche Pflanzen verwenden Sie besonders gerne?

Aufgrund der 30 cm Humusabdeckung kommen nur konkurrenzstarke Pflanzen infrage, die gut nährstoffversorgte Standorte mögen. Bei zweimähdiger Bewirtschaftung sind das vor allem Margerite, Schafgarbe, Löwenzahn, Rote Lichtnelke, Kuckucks-Lichtnelke, Wiesen-Flockenblume, Hornklee und andere. Wo nur einmal gemäht wird, eignen sich Baldrian, Blutweiderich, Gilbweiderich, Pfeifengras, Mädesüß, Kugeldistel, Karde, Skabiosen-Flockenblume.

Wie ist die Reaktion der Auftraggeber und der Nutzer bzw. der Bevölkerung auf die Flächen?

Die meisten Auftraggeber sind erfreut, weil die lästige und lärmende Pflege mit dem Benzinrasenmäher entfällt, die ja gerade zwischen Parkplätzen und an Straßen nicht angenehm und auch nicht ganz ungefährlich ist. Bedenken gibt es hinsichtlich des Mülls, der vor der Mahd ausgeklaubt werden muss. Auch besteht eine große Unsicherheit und jede Menge Missverständnisse bezüglich der geltenden Regeln und der Haltung der Genehmigungsbehörden. Die »feine« Differenzierung zwischen Blütenstauden und Sträuchern, die ja bei uns weiterhin nicht in Sickermulden gepflanzt werden dürfen, fällt vielen schwer und erfordert viele Erklärungen. Die Reaktion der Bevölkerung ist gespalten und vielfältig – von Leuten, die begeistert sind, bis zu solchen, die höher wachsende Pflanzen als schlampig empfinden, speziell wenn sie dann verblüht sind.

Was würden Sie heute anders machen, wenn Sie an Ihre ersten Planungen denken?
Vegetationstechnisch war das Konzept von Anfang an ausgereift – dank solider Standortanalyse und vegetationskundlicher Kenntnisse. Heute tendiere ich häufiger zu zweimähdigen Formen als zu einmähdigen – in erster Linie deshalb, weil der Druck der invasiven Neophyten wie Goldrute und Berufkraut ständig steigt und diese bei zwei Schnitten besser im Zaum zu halten sind.

Was zeichnet die Planungen aus, die besonders gut funktionieren, sowohl technisch als auch gestalterisch gesehen?
Die Planung ist nicht das Problem. Auf dem Schreibtisch ist immer alles perfekt (lacht). Die Probleme beginnen beim verwendeten Substrat, das schwer kontrollierbar ist und nicht selten mit lästigen Wurzelunkräutern wie Quecke, Winde, Staudenknöterich und Ampfer durchsetzt ist oder Samen von invasiven Neophyten wie Kanadische Goldrute oder Berufkräutern enthält. Leider werden wir nicht immer mit der Bauaufsicht beauftragt, und da wird es dann spannend. Die andere große Herausforderung ist die richtige Bewirtschaftung über die Jahre. Selbst wenn wir am Anfang das Pflegepersonal einmal schulen dürfen, haben wir noch nicht gewonnen. Im gewerblichen und im kommunalen Bereich gibt es leider eine sehr starke Fluktuation bei den Pflegekräften und mit dem Wechsel geht leider sehr oft das Know-how über die richtige Bewirtschaftung verloren.

Blumensickermulde im ersten Jahr nach der Ansaat – Blumenpflücken ausdrücklich erwünscht!

Oben: Pilotprojekt Firma Schenker, die Ausgangssituation

Mitte: Blumen-Sickermulde nach der Umgestaltung der Fläche

Unten: Sickermulden können eingesät oder wie hier mit Wildstauden bepflanzt werdenn

Pflanzen wechselfeuchter Standorte, eher trocken

Wissenschaftlicher Name Deutscher Name	Höhe Blütenfarbe	März	April	Mai	Juni	Juli	Aug.	Sept.	Okt.	Nov.	Anmerkungen
Stauden											
Muscari botryoides Kleine Traubenhyazinthe	20 cm blau		✿	✿							F
Veronica prostrata Liegender Ehrenpreis	20 cm hellblau		✿	✿							S, wintergrün
Ranunculus auricomus agg. Gold-Hahnenfuß	50 cm gelb		✿	✿							S, wintergrün
Euphorbia cyparissias Zypressen-Wolfsmilch	50 cm gelbgrün		✿	✿							S (8)
Ajuga genevensis Genfer Günsel	30 cm blau		✿	✿	✿						S (7) wintergrün
Polygala chamaebuxus Kreuzblume	20 cm gelb-rot		✿	✿	✿						W, wintergrün
Potentilla verna Frühlings-Fingerkraut	15 cm gelb		✿	✿	✿						S, wintergrün
Cerastium arvense Acker-Hornkraut	25 cm weiß		✿	✿	✿	✿	✿				H, S (11) wintergrün
Viola tricolor Wildes Stiefmütterchen	35 cm gelb-blau		✿	✿	✿	✿	✿	✿			N, S (9) wintergrün
Saponaria ocymoides Kriechendes Seifenkraut	30 cm rosarot		✿	✿	✿	✿	✿	✿	✿		W, wintergrün
Aristolochia clematitis Osterluzei	100 cm gelb			✿	✿						W (1)
Globularia bisnagarica Gewöhnliche Kugelblume	30 cm blauviolett			✿	✿						F, wintergrün
Viola canina Hunds-Veilchen	20 cm blaulila			✿	✿						N, wintergrün
Globularia cordifolia Herzblättrige Kugelblume	10 cm blau			✿	✿						F (5) wintergrün
Ornithogalum umbellatum Milchstern	30 cm weiß			✿	✿						S (15)
Fragaria viridis Knack-Erdbeere	20 cm weiß			✿	✿						S, wintergrün
Saxifraga granulata Knöllchen-Steinbrech	50 cm weiß			✿	✿						S (19)
Antennaria dioica Katzenpfötchen	25 cm weißrosa			✿	✿						F, wintergrün
Polygonatum odoratum Salomonssiegel	30 cm weiß			✿	✿						S (13)

Abkürzungen siehe Seite 131

1 | Osterluzei
2 | Milder Mauerpfeffer
3 | Berg-Aster und Iris
4 | Silberwurz
5 | Herzblättrige Kugelblume
6 | Rosmarin-Weidenröschen
7 | Genfer Günsel
8 | Zypressen-Wolfsmilch, Herbstfärbung
9 | Wildes Stiefmütterchen
10 | Sand-Nelke

Wissenschaftlicher Name Deutscher Name	Höhe Blütenfarbe	März	April	Mai	Juni	Juli	Aug.	Sept.	Okt.	Nov.	Anmerkungen
Scorzonera purpurea Violette Schwarzwurzel	50 cm hellviolett			✿	✿						F
Asparagus officinalis Wilder Spargel	150 cm gelbgrün			✿	✿	✿					W
Thymus praecox Frühblühender Thymian	15 cm rosa			✿	✿	✿					S ⓬ wintergrün
Lychnis viscaria Pech-Nelke	60 cm dunkelrosa			✿	✿	✿					S
Ranunculus bulbosus Knolliger Hahnenfuß	40 cm gelb			✿	✿	✿					S
Coronilla coronata Berg-Kronwicke	70 cm gelb			✿	✿	✿					W
Tragopogon pratensis Wiesen-Bocksbart	70 cm gelb			✿	✿	✿					S ⓮
Hieracium piloselloides Florentiner Habichtskraut	80 cm gelb			✿	✿	✿					W, wintergrün
Hypochaeris maculata Geflecktes Ferkelkraut	70 cm gelb			✿	✿	✿	✿				W ⓴
Vincetoxicum officinale Weiße Schwalbenwurz	120 cm gelblich			✿	✿	✿	✿				S ⓲
Armeria maritima Gras-Nelke	30 cm rosa			✿	✿	✿	✿	✿			N, S, wintergrün
Descurainia sophia Gewöhnliche Besenrauke	100 cm gelb			✿	✿	✿	✿	✿			N, wintergrün
Hieracium pilosella Kleines Habichtskraut	30 cm gelb			✿	✿	✿	✿	✿	✿		N, S, wintergrün
Ononis spinosa Dornige Hauhechel	60 cm rosa				✿	✿					W
Linum viscosum Klebriger Lein	60 cm rosa				✿	✿					F
Linum flavum Gelber Lein	50 cm gelb				✿	✿					W
Inula hirta Rauer Alant	50 cm gelb				✿	✿					F
Filipendula vulgaris Kleines Mädesüß	80 cm weiß				✿	✿					W ⓰ wintergrün
Clematis recta Aufrechte Waldrebe	150 cm weiß				✿	✿					W
Dryas octopetala Silberwurz	10 cm weiß				✿	✿	✿				F ❹ wintergrün

Abkürzungen siehe Seite 131

11 | Acker-Hornkraut
12 | Frühblühender Thymian
13 | Salomonssiegel
14 | Wiesen-Bocksbart
15 | Milchstern
16 | Kleines Mädesüß
17 | Knollen-Platterbse
18 | Weiße Schwalbenwurz, Herbstfärbung
19 | Knöllchen-Steinbrech
20 | Geflecktes Ferkelkraut

21 | Echtes Labkraut
22 | Schafgarbe
23 | Heide-Nelke
24 | Gewöhnliches Leinkraut
25 | Aufrechter Ziest
26 | Tüpfel-Johanniskraut
27 | Wilde Möhre
28 | Wiesen-Flockenblume

Wissenschaftlicher Name Deutscher Name	Höhe Blütenfarbe	März	April	Mai	Juni	Juli	Aug.	Sept.	Okt.	Nov.	Anmerkungen
Asperula tinctoria Färber-Meier	50 cm weiß				✿	✿	✿				F
Vicia sylvatica Wald-Wicke	klettert bis 200 cm weiß-lila				✿	✿	✿				W
Lathyrus tuberosus Knollen-Platterbse	klettert bis 100 cm karminrot				✿	✿	✿				W 17
Allium carinatum Gekielter Lauch	60 cm rosa				✿	✿	✿				W
Allium schoenoprasum Schnittlauch	30 cm rotlila				✿	✿	✿				W
Lotus corniculatus Gewöhnlicher Hornklee	50 cm gelb				✿	✿	✿				N
Sedum acre Scharfer Mauerpfeffer	15 cm gelb				✿	✿	✿				N, S, wintergrün
Sedum sexangulare Milder Mauerpfeffer	15 cm gelb				✿	✿	✿				S 2 wintergrün
Astragalus cicer Kicher-Tragant	100 cm gelb				✿	✿	✿				W
Hypericum perforatum Tüpfel-Johanniskraut	80 cm gelb				✿	✿	✿				N, S 26
Jasione montana Berg-Jasione	60 cm blau				✿	✿	✿				N, wintergrün
Galium verum Echtes Labkraut	70 cm gelb				✿	✿	✿	✿			W 21
Buphthalmum salicifolium Ochsenauge	70 cm gelb				✿	✿	✿	✿			F
Sedum album Weißer Mauerpfeffer	20 cm weiß				✿	✿	✿	✿			N, wintergrün
Asperula cynanchica Hügel-Meier	25 cm rosa				✿	✿	✿	✿			S
Silene vulgaris Gewöhnliches Leimkraut	60 cm weiß				✿	✿	✿	✿			W
Petrorhagia saxifraga Felsen-Nelke	30 cm rosaweiß				✿	✿	✿	✿			F, wintergrün
Daucus carota Wilde Möhre	100 cm weiß				✿	✿	✿	✿			S 27 wintergrün
Dianthus arenarius Sand-Nelke	30 cm weiß				✿	✿	✿	✿			S 10
Trifolium arvense Hasen-Klee	30 cm weißlich rosa				✿	✿	✿	✿			N, wintergrün

Abkürzungen siehe Seite 131

Wissenschaftlicher Name Deutscher Name	Höhe Blütenfarbe	März	April	Mai	Juni	Juli	Aug.	Sept.	Okt.	Nov.	Anmerkungen
Dianthus carthusianorum Karthäuser-Nelke	60 cm purpurrot				✿	✿	✿	✿			S, wintergrün
Dianthus deltoides Heide-Nelke	40 cm karminrot				✿	✿	✿	✿			S 23 wintergrün
Carduus defloratus Berg-Distel	80 cm rosapurpur				✿	✿	✿	✿			W
Leucanthemum vulgare Magerwiesen-Magerite	100 cm weiß				✿	✿	✿	✿	✿		S, wintergrün
Achillea millefolium Gewöhnliche Schafgarbe	60 cm weiß				✿	✿	✿	✿	✿		N, S 22
Stachys recta Aufrechter Ziest	40 cm weißgelb				✿	✿	✿	✿	✿		S 25
Potentilla argentea Silber-Fingerkraut	30 cm gelb				✿	✿	✿	✿	✿		S, wintergrün
Linaria vulgaris Gewöhnliches Leinkraut	40 cm gelb				✿	✿	✿	✿	✿		N 24
Campanula rotundifolia Rundblättrige Glockenblume	30 cm blauviolett				✿	✿	✿	✿	✿		S, wintergrün
Centaurea jacea Wiesen-Flockenblume	90 cm rotviolett				✿	✿	✿	✿	✿	✿	S 28
Gentiana cruciata Kreuz-Enzian	40 cm blau					✿	✿				F
Allium lusitanicum Berg-Lauch	30 cm rosa					✿	✿				F
Betonica officinalis Heil-Ziest	60 cm purpurrosa					✿	✿				W
Peucedanum oreoselinum Berg-Haarstrang	100 cm weiß					✿	✿				S
Helichrysum arenarium Sand-Strohblume	50 cm gelb					✿	✿				S
Eryngium campestre Feld-Mannstreu	80 cm grünlich					✿	✿	✿			S
Pimpinella saxifraga Kleine Pimpinelle	60 cm weißrosa					✿	✿	✿			S
Seseli annuum Steppen-Sesel	90 cm weißrötlich					✿	✿	✿			F
Carlina acaulis Silberdistel	15 cm silberweiß					✿	✿	✿			F
Teucrium montanum Berg-Gamander	20 cm blassgelb					✿	✿	✿			F, wintergrün

Wissenschaftlicher Name Deutscher Name	Höhe Blütenfarbe	März	April	Mai	Juni	Juli	Aug.	Sept.	Okt.	Nov.	Anmerkungen
Peucedanum officinale Echter Haarstrang	200 cm gelb					✿	✿	✿			W
Epilobium dodonaei Rosmarin-Weidenröschen	100 cm rosa					✿	✿	✿			F ❻ wintergrün
Veronica spicata Ähriger Ehrenpreis	40 cm blau					✿	✿	✿			S, F
Aster amellus Berg-Aster	70 cm blau					✿	✿	✿			F ❸
Scabiosa canescens Graue Skabiose	50 cm hellblau					✿	✿	✿	✿	✿	F
Galatella linosyris Gold-Aster	50 cm gelb						✿	✿			S, F
Senecio erucifolius Raukenblättriges Greiskraut	120 cm gelb						✿	✿	✿		W
Hieracium umbellatum Dolden-Habichtskraut	120 cm gelb						✿	✿	✿		N
Calluna vulgaris Heidekraut	50 cm rosa						✿	✿	✿		N, S, wintergrün
Gräser											
Carex humilis Niedrige Segge	15 cm gelblich		✿	✿							F
Briza media Gewöhnliches Zittergras	50 cm rötlich			✿	✿						S, wintergrün
Koeleria glauca Blaugrünes Schillergras	50 cm grünlich			✿	✿	✿					S
Festuca amethystina Amethyst-Schwingel	15 cm grünviolett				✿						F
Koeleria pyramidata (cristata) Großes Schillergras	80 cm weißlich grün				✿	✿					S, F
Corynephorus canescens Gewöhnliches Silbergras	30 cm weißlich grün				✿	✿					S, wintergrün

Bedeutung der Abkürzungen:
W= Art kommt normalerweise auf wechselfeuchtem Standort vor
N = Art wird nicht als wechselfeucht eingestuft, aber Vorkommen auf zwei Halligen in der Elbmündung, Nigehörn und Schahörn, die regelmäßig überflutet werden
S = Art wird nicht als wechselfeucht eingestuft, aber Vorkommen auf Sandheiden in der Nähe der Elbe
F = Art wird nicht als wechselfeucht eingestuft, aber Vorkommen auf Flussschotterheiden im Voralpenraum

Klimapflanzen finden wir an Standorten, die jetzt schon mager und trocken sind

Auf der Suche nach klimafesten Pflanzen

In den Hitzesommern der vergangenen Jahre haben uns gerade die mageren Wildblumenbeete, die auf Schotter oder Kies angelegt wurden, mit ihrer Widerstandskraft überrascht. Ist das nicht merkwürdig, dass dort, wo es besonders trocken ist, die Pflanzen mit Hitze und Trockenheit besonders gut zurechtkommen? Nun, eigentlich nicht, zumindest, wenn die Flächen naturnah, also mit standortgerechten einheimischen Wildpflanzen angelegt wurden. Denn diese Pflanzen haben ja von der Evolution die verschiedensten Strategien mitbekommen, um sich gerade in trockenheißen Situationen zu behaupten. Manchmal reicht es da, rechtzeitig Samen zu bilden, oder ein sehr tiefes Wurzelwerk kann die Pflanze mit im Untergrund noch vorhandenem Wasser versorgen.

Verschiedene Eigenschaften minimieren die Verdunstung der Pflanzen und verhindern, zum Beispiel durch eine reflektierende helle Behaarung der Blätter, eine Überhitzung. Frappierend ist die Anpassung der sogenannten »CAM-Pflanzen« wie bei den verschiedenen Sedum-Arten.

Auf der Suche nach Pflanzenarten, die im zukünftigen heißen Klima gut zurechtkommen, können wir ja einfach einmal schauen, wo denn solche an extreme Bedingungen angepassten Arten wie Fetthennen und Dachwurzen in der Natur vorkommen und welche Arten dort noch wachsen. Das sind zum Beispiel die trockenheißen Felsstandorte am Rhein, an der Mosel oder an der Nahe. Diese Regionen haben jetzt schon das Klima, das in ganz Deutschland demnächst zu erwarten ist (Pflanzenbeispiele dazu siehe Seite 142).

Grob gesagt, liegen die Bereiche, die jetzt schon unser zukünftiges Klima haben, um die Verbindungslinie Amsterdam-Marseille herum. Viele der in diesem Bereich vorkommenden Pflanzenarten kommen jetzt schon in Deutschland vor, in den Wärmegebieten am Mittel- und Oberrhein.

Ökologisch ist es sehr sinnvoll, nach Pflanzen zu suchen, deren jetziges Verbreitungsgebiet möglichst nahe zu unserer Region liegt, denn dann können wir annehmen, dass es eine Koevolution zwischen diesen Pflanzen und unserer Tierwelt gab und dass wir mit ihnen »Tiere pflanzen« können. Wer in ähnlichen Klimazonen auf anderen Kontinenten sucht, der geht immer das Risiko ein, den nächsten invasiven Neophyten (siehe Seite 32) einzuführen. Denn bei diesen Pflanzen gibt es ja bei uns kaum tierische Nutzer und damit bekommen diese Arten einen großen Konkurrenzvorteil gegenüber unserer Flora.

Wir können aber nicht nur einen Raum suchen, wo jetzt schon das Klima herrscht, das bei uns zu erwarten ist, wir können uns auch auf eine Zeitreise begeben. Denn die Evolution hat einen sehr langen Atem. Es ist erstaunlich, dass die Pflanzenarten, die es jetzt bei uns gibt, auch schon in vergangenen Warmzeiten, vor

Hunderttausenden von Jahren in Europa vorkamen. So gab es in der letzten Warmzeit, dem Eem, schon fast alle Tier- und Pflanzenarten, die wir heute bei uns finden. Nur wanderten auf den weiten Flächen mit Eichen, Wildapfelbäumen, Hainbuchen oder Feldahornbäumen damals Altelefanten, Tüpfelhyänen, Löwen, Wasserbüffel, Nashörner und viele andere eher afrikanisch anmutende Tiere umher.

Interessanterweise war es im Eem wesentlich wärmer als in unserer Warmzeit (siehe Seite 16). Wenn die Menschheit die Krise bewältigen kann und wir keine Klimakatastrophe bekommen, dann wird demnächst die Temperatur herrschen, die es schon einmal in der Eem-Warmzeit gab. Wir können bei unserer Suche nach klimafesten Pflanzen also die letzten beiden Warmzeiten betrachten.

Die Pflanzenarten des Eem, wie sie zum Beispiel im Travertin von Stuttgart/Bad Cannstatt oder in der Braunkohle von Neumark-Nord gefunden wurden, sind uns erstaunlich vertraut. Es fehlen zwar einige Arten wie Fichte oder Buche, aber die versteinerten Blätter von Eiche, Feldahorn, Schlehe, Wildapfel oder Weißdorn sehen so aus, als seien sie gerade von einem Baum vor dem Museum heruntergefallen. Dazu kommen einige Pflanzenarten, die jetzt eher südlich oder westlich vorkommen, wie der Steppenahorn oder die Blumenesche. Aber die meisten Pflanzenarten der letzten beiden Warmzeiten wachsen zurzeit auch in den Suchräumen am

Versteinerte Eichenblätter aus der Eem-Warmzeit, gefunden im Travertin bei Stuttgart

Ein artenreiches Beet mit einheimischen Stauden passt sich oft ohne unser Zutun an sich ändernde Klimabedingungen an. Bei Bäumen und Sträuchern sollten wir sorgfältig auswählen.

Oberrhein und im Mainzer Becken. Leider werden nur wenige davon in den derzeit laufenden Versuchen zu »Klimabäumen« mit aufgepflanzt.

Mit Stauden und Gräsern kann leicht experimentiert werden, weil sich solche Pflanzungen schnell entwickeln. Gehölze wachsen viel langsamer, hier sollte angesichts der Klimakrise genauer überlegt werden, welche Art gepflanzt wird. Die Listen auf den Seiten 136 und 142 zeigen Arten, die entweder in den Wärmegebieten Mitteleuropas vorkommen und/oder in den beiden ausgewerteten Fundorten Bad Cannstatt und Neumark-Nord gefunden wurden.

Klimafeste Bäume und Großsträucher, die zu Kleinbäumen erzogen werden können

Wissenschaftlicher Name Deutscher Name	Höhe Blütenfarbe	Febr.	März	April	Mai	Juni	Juli	Aug.	Sept.	Fruchtfarbe Anmerkungen
Bäume										
Acer monspessulanum Französischer Ahorn	6 (– 10) m unscheinbar			✿	✿					rötlich F, X ❸
Acer opalus Schneeballblättriger Ahorn	8 – 10 m zitronengelb		✿	✿						unscheinbar F
Carpinus betulus Hain-Buche	6 – 25 m unscheinbar			✿	✿					unscheinbar F, X
Celtis australis Zürgelbaum	10 – 25 m unscheinbar			✿	✿					schwarz X, S
Cornus mas Kornelkirsche	6 m gelb	✿	✿	✿						rot F ❼
Crataegus monogyna Eingriffliger Weißdorn	6 m weiß				✿	✿				rot F, X ❶
Fraxinus ornus Blumen-Esche	10 m weiß			✿	✿					braungelb F, X, S
Fraxinus excelsior Gewöhnliche Esche	20 – 35 m unscheinbar			✿	✿					unscheinbar F, X
Laburnum anagyroides Gewöhnlicher Goldregen	7 m gelb				✿	✿				unscheinbar F, S
Malus sylvestris Wild-Apfel	10 m weiß				✿					grüngelb F, X
Ostrya carpinifolia Europäische Hopfen-Buche	15 (– 20) m unscheinbar			✿	✿					hellgrün F, X, S
Pinus sylvestris Wald-Kiefer	10 – 30 m unscheinbar				✿	✿				braun F, X
Prunus mahaleb Felsen-Kirsche	6 m weiß			✿	✿					schwarz F
Pyrus pyraster Wild-Birne	20 m weiß			✿	✿					graugrün F
Quercus cerris Zerr-Eiche	35 m unscheinbar			✿						grün F, S
Quercus petraea Trauben-Eiche	35 m unscheinbar				✿					grün F, X
Quercus pubescens Flaum-Eiche	8 m unscheinbar				✿					grün F, X
Quercus robur Stiel-Eiche	30 – 35 m unscheinbar				✿					grün F, X
Rhamnus alpina Alpen-Kreuzdorn	3 m unscheinbar				✿	✿				schwarz F ❷

Abkürzungen siehe Seite 139

1 | Eingriffliger Weißdorn
2 | Alpen-Kreuzdorn
3 | Französischer Ahorn
4 | Gewöhnliche Berberitze
5 | Gewöhnliche Mehlbeere
6 | Klappernuss
7 | Kornelkirsche
8 | Blasenstrauch
9 | Färber-Ginster

Wissenschaftlicher Name Deutscher Name	Höhe Blütenfarbe	Febr.	März	April	Mai	Juni	Juli	Aug.	Sept.	Fruchtfarbe Anmerkungen
Rhamnus cathartica Purgier-Kreuzdorn	3 m unscheinbar									schwarz F, X
Sorbus aria Gewöhnliche Mehlbeere	12 m weiß									rot F, X ❺
Sorbus domestica Speierling	15 m weiß									gelb-braun F
Sorbus torminalis Elsbeere	15 m weiß									rötlich F
Sorbus latifolia Breitblättrige Mehlbeere	15 m weiß									rot F
Taxus baccata Gewöhnliche Eibe	15 m unscheinbar									rot F, X
Sträucher										
Amelanchier ovalis Echte Felsenbirne	1 - 3 m weiß									schwarz F
Berberis vulgaris Gewöhnliche Berberitze	1 - 3 m gelb									rot F, X ❹
Buxus sempervirens Buchs	30 cm – 4 m unscheinbar									unscheinbar F, X
Colutea arborescens Blasenstrauch	1 - 3 m gelb									gelb-rot F ❽
Cornus sanguinea Roter Hartriegel	1 - 5 m weiß									schwarz F, X
Corylus avellana Gewöhnliche Hasel	3 - 5 m gelb									braun F, X
Cotinus coggygria Gewöhnlicher Perückenstrauch	1 - 5 m rosa									wollig F, S
Cotoneaster integerrimus Gewöhnliche Zwergmispel	50 - 150 cm weiß									rot F ⓫
Cotoneaster tomentosus Filzige Zwergmispel	50 - 150 cm weiß									rot F
Cytisus nigricans Schwarzwerdender Geißklee	30 - 150 cm gelb									unscheinbar F
Daphne laureola Lorbeer-Seidelbast	40 - 120 cm gelbgrün									schwarz F
Genista tinctoria Färber-Ginster	30 - 80 cm gelb									unscheinbar F ❾
Juniperus communis Gewöhnlicher Wacholder	1 - 3 m unscheinbar									blau F
Hippocrepis emerus Strauchkronwicke	1 - 2 m gelb									unscheinbar F ⓬

Wissenschaftlicher Name Deutscher Name	Höhe Blütenfarbe	Febr.	März	April	Mai	Juni	Juli	Aug.	Sept.	Fruchtfarbe Anmerkungen
Ligustrum vulgare Gewöhnlicher Liguster	2 - 5 m weiß					✿	✿			schwarz F, X
Lonicera caprifolium Echtes Geißblatt	5 m weiß-gelb-rot				✿	✿				rot F, X ⑩
Lonicera xylosteum Rote Heckenkirsche	1 - 2 m weiß				✿	✿				rot F, X
Prunus spinosa Schlehe	1 - 3 m weiß			✿	✿					blau F, X
Rhamnus saxatilis Felsen-Kreuzdorn	30 cm - 1 m unscheinbar			✿	✿					schwarz F, X
Rosa canina Hunds-Rose	1 - 3 m rosa				✿	✿	✿			rot X
Rosa gallica Essig-Rose	20 cm - 1 m rosa					✿	✿			rot F
Rosa spinossissima Bibernell-Rose	30 cm - 1 m weiß			✿	✿	✿				schwarz F
Rosa villosa Apfel-Rose	1 - 3 m rosa					✿	✿			rot F
Ruscus aculeatus Mäusedorn	20 - 90 cm unscheinbar		✿	✿	✿					rot F, S
Staphylea pinnata Gewöhnliche Klappernuss	2 - 5 m weiß				✿	✿				grüngelb F ⑥
Viburnum lantana Wolliger Schneeball	1 - 4 m weiß			✿	✿	✿				rotschwarz F, X

Bedeutung der Abkürzungen:
F = Art der warmen Flaumeichenwälder
X = wurden auch als Versteinerungen aus vorigen Warmzeiten gefunden

10 | Echtes Geißblatt
11 | Gewöhnliche Zwergmispel, Herbstfärbung
12 | Strauchkronwicke

Selbst aktiv werden: **Tiere pflanzen**

Feldsperling & frei wachsende Hecken mit Wildrosen

Die laute Hecke

»Gibt es auch Naturgärten ohne diesen Lärm?« So fragte vor einiger Zeit ein Besucher des Naturnahen Schaugartens in Wachtberg-Berkum. Dort gibt es eine frei wachsende Hecke, die ausschließlich aus verschiedenen einheimischen Wildrosen besteht, und dort feiert die örtliche Spatzen-Gang regelmäßig ihre Partys. Nun, so viel ist sicher: Wer ein Dickicht aus Wildrosen in seinem Garten schafft, der lädt Sperlinge (auch Spatzen genannt) ein, sich dort zu treffen, denn Sperlinge lieben dornige Gebüsche. Je dichter die Bebauung ist, desto eher werden dort Haussperlinge zu beobachten sein, in offeneren Situationen, am Siedlungsrand oder in alten Wohngebieten mit großen Gärten können wir auch das Glück haben, die hübschen Feldsperlinge begrüßen zu dürfen. Sie beziehen gerne Meisenkästen zur Brut und brauchen nicht unbedingt die enge Nachbarschaft von anderen Spatzenfamilien, um sich wohlzufühlen. Ihre Nahrung, die Samen von Kräutern und Gräsern, aber auch Insekten, suchen sie am Boden, am liebsten auf schütter bewachsenen Flächen. Damit profitiert der Feldsperling von Magerstandorten und begrünten Wegen und Plätzen.

Hecken aus einheimischen Wildsträuchern sind sehr wichtige und extrem bedrohte Lebensräume, denn für viele Grünflächenämter und auch für manche Landwirte sind sie nichts als unansehn-

Feldsperlinge

Wildrosen sind besonders schöne Wildsträucher für die Hecke

liches Gestrüpp, das besser einem Acker oder einem Rasen mit Einzelbäumen Platz machen sollte. Dabei bietet keine Landvegetationsform in Mitteleuropa ein so reichhaltiges Nahrungssortiment für unsere Tiere. Pro Fläche wächst hier zwei- bis dreimal so viel Blattmasse wie im Buchenwald, und von diesen Blättern werden bis zu 40 Prozent von blattfressenden Krabbeltieren gefressen. So produziert eine Hecke von drei Meter Breite und 100 Meter Länge ungefähr fünfundzwanzig Kilogramm Insektenbiomasse, ausreichend Futter, um zehn Neuntöter oder 14 Dorngrasmücken zu ernähren.

In der Klimakrise werden Hecken immer wichtiger, denn sie bremsen den Wind und schützen so die angrenzenden Flächen vor Austrocknung. Eine Neubegründung von Hecken auf Ackerland führt zu einer Erhöhung des im Boden gespeicherten Kohlenstoffs, die genauso groß ist wie bei der Neubegründung von Wäldern.

Forschende haben auf Hundsrosen 145 Krabbeltierarten als Nutzer der Pflanze festgestellt und in der Datenbank »Bladmineerders« veröffentlicht (Anzahl der Arten jeweils in Klammern): Bachkielwanzen (1), Minierfliegen (1), Mottenschildläuse (2), Blattläuse (14), Bürstenhornblattwespen (5), Prachtkäfer (3), Gallmücken (1), Halmwespen (1), Breitflügelmotten (1), Blattkäfer (2), Zwergzikaden (8), Napfschildläuse (1), Miniersackträger (1), Rundwanzen (1), Rüsselkäfer (2), Gallwespen (6), Deckelschildläuse (3), Eulenfalter (7), Gallmilben (4), Spanner (26!), Dickkopffalter (1), Glucken (Wollraupenspinner, 3), Weichwanzen (1), Zwergminiermotten (3), Glanzkäfer (2), Kahneulchen (1), Gespinstblattwespen (2), Baumwanzen (3), Rosen-Blattsackmotten (1), Federmotten (1), das Kleine Nachtpfauenauge, Blattwespen (17), Bohrfliegen (2), Thripse (2), Schopfstirnmotten (1), Wickler (11), (ausnahmsweise nicht als Parasitoide, sondern in den Rosensamen vegetarisch lebende) Erzwespen (2) und das Dunkle Grünwidderchen.

Stauden wärmegetönter Gebiete

Wissenschaftlicher Name Deutscher Name	Höhe Blütenfarbe	April	Mai	Juni	Juli	Aug.	Sept.	Okt.	Nov.	Anmerkungen
Muscari neglectum Weinbergs-Traubenhyazinthe	30 cm blau-weiß	✿	✿	▬	▬	▬	▬	▬	▬	Geophyt, wintergrün
Aurinia saxatilis Felsen-Steinkraut	50 cm gelb	✿	✿	▬	▬	▬	▬	▬	▬	wintergrün
Tulipa sylvestris Wild-Tulpe	40 cm gelb	✿	✿	▬	▬	▬	▬	▬	▬	Geophyt
Iris aphylla Nacktstängel-Schwertlilie	40 cm violett	✿	✿	▬	▬	▬	▬	▬	▬	
Anemone sylvestris Großes Windröschen	40 cm weiß	✿	✿	✿	▬	▬	▬	▬	▬	
Dianthus gratiopolitanus Pfingst-Nelke	25 cm rosa	▬	✿	✿	▬	▬	▬	▬	▬	wintergrün
Lactuca perennis Ausdauernder Lattich	50 cm blau	▬	✿	✿	▬	▬	▬	▬	▬	⓬
Helianthemum canum Graufilziges Sonnenröschen	15 cm gelb	▬	✿	✿	▬	▬	▬	▬	▬	wintergrün
Iris germanica Deutsche Schwertlilie	120 cm; blau-weiß-violett	▬	✿	✿	▬	▬	▬	▬	▬	❷
Galium glaucum Blaugrünes Labkraut	80 cm weiß	▬	✿	✿	✿	▬	▬	▬	▬	wintergrün
Tragopogon dubius Großer Bocksbart	60 cm gelb	▬	✿	✿	✿	▬	▬	▬	▬	
Erysimum odoratum Wohlriechender Schöterich	90 cm gelb	▬	✿	✿	✿	▬	▬	▬	▬	
Isatis tinctoria Färberwaid	120 cm gelb	▬	✿	✿	✿	▬	▬	▬	▬	❶
Linum perenne Ausdauernder Lein	60 cm blau	▬	✿	✿	✿	▬	▬	▬	▬	wintergrün
Helianthemum apeninnum Apeninnen-Sonnenröschen	30 cm weiß	▬	✿	✿	✿	✿	▬	▬	▬	wintergrün
Melampyrum arvense Acker-Wachtelweizen	50 cm gelb-rot	▬	✿	✿	✿	✿	▬	▬	▬	einjährig ❺ wintergrün
Consolida regalis Acker-Rittersporn	50 cm blau	▬	✿	✿	✿	✿	▬	▬	▬	einjährig ❸
Anchusa officinalis Ochsenzunge	100 cm purpurviolett	▬	✿	✿	✿	✿	✿	▬	▬	
Linum flavum Gelber Lein	50 cm gelb	▬	▬	✿	✿	▬	▬	▬	▬	
Allium sphaerocephalon Kugel-Lauch	50 cm purpur	▬	▬	✿	✿	▬	▬	▬	▬	Geophyt, wintergrün

1 | Färberwaid
2 | Deutsche Schwertlilie
3 | Acker-Rittersporn
4 | Deutscher Ziest
5 | Acker-Wachtelweizen
6 | Felsen-Nelke
7 | Gold-Aster
8 | Frauenspiegel

Wissenschaftlicher Name Deutscher Name	Höhe Blütenfarbe	April	Mai	Juni	Juli	Aug.	Sept.	Okt.	Nov.	Anmerkungen
Silene gallica Französiches Leimkraut	40 cm rötlich weiß			✿	✿					einjährig
Salvia nemorosa Steppen-Salbei	70 cm violett			✿	✿					
Euphorbia seguieriana Steppen-Wolfsmilch	60 cm gelb			✿	✿	✿				
Stachys germanica Deutscher Ziest	100 cm karminrot			✿	✿	✿				❹
Legousia speculum veneris Frauenspiegel	30 cm blau			✿	✿	✿				einjährig ❽
Orlaya grandiflora Strahlen-Breitsame	60 cm weiß			✿	✿	✿				wintergrün
Tanacetum corymbosum Straußblütige Wucherblume	150 cm weiß			✿	✿	✿				
Campanula rapunculus Rapunzel-Glockenblume	80 cm blaulila			✿	✿	✿				
Bupleurum rotundifolium Rundblättriges Hasenohr	60 cm grünlich			✿	✿	✿				einjährig
Marrubium vulgare Andorn	50 cm weißlich			✿	✿	✿				wintergrün
Petrorhagia saxifraga Felsen-Nelke	30 cm rosaweiß			✿	✿	✿	✿			wintergrün ❻
Reseda luteola Färber-Wau	150 cm gelb			✿	✿	✿	✿			zweijährig, wintergrün ❾
Atocion armeria Echtes Nelkenleimkraut	60 cm rosa			✿	✿	✿	✿			einjährig ⓫
Centaurea pannonica Schmalblättrige Wiesen-Flockenblume	60 cm rotviolett			✿	✿	✿	✿	✿		
Achillea nobilis Edle Schafgarbe	60 cm cremeweiß			✿	✿	✿	✿	✿		
Inula germanica Deutscher Alant	60 cm gelb				✿	✿				
Onopordum acanthium Eselsdistel	300 cm purpur				✿	✿				
Eryngium campestre Feld-Mannstreu	80 cm grünlich				✿	✿	✿			
Falcaria vulgaris Gewöhnliche Sichelmöhre	80 cm weiß				✿	✿	✿			
Seseli annuum Steppen-Sesel	90 cm weißrötlich				✿	✿	✿			

Wissenschaftlicher Name Deutscher Name	Höhe Blütenfarbe	April	Mai	Juni	Juli	Aug.	Sept.	Okt.	Nov.	Anmerkungen
Peucedanum officinale Echter Haarstrang	200 cm gelb	▬	▬	▬	✿	✿	✿	▬	▬	
Calamintha nepeta Berg-Minze	50 cm hellblau	▬	▬	▬	✿	✿	✿	▬	▬	
Aster amellus Berg-Aster	70 cm blau	▬	▬	▬	✿	✿	✿	▬	▬	
Veronica spicata Ähriger Ehrenpreis	40 cm blau	▬	▬	▬	✿	✿	✿	▬	▬	wintergrün (10)
Scabiosa ochroleuca Gelbe Skabiose	60 cm gelb	▬	▬	▬	✿	✿	✿	✿	▬	
Hyssopus officinalis Ysop	60 cm blau	▬	▬	▬	✿	✿	✿	✿	▬	wintergrün
Scabiosa canescens Graue Skabiose	50 cm hellblau	▬	▬	▬	✿	✿	✿	✿	✿	
Galatella linosyris Gold-Aster	50 cm gelb	▬	▬	▬	▬	✿	✿	▬	▬	(7)

9 | Färber-Wau
10 | Ähriger Ehrenpreis
11 | Nelkenleimkraut
12 | Ausdauernder Lattich

Aurorafalter & Wiesenschaumkraut

Falter brauchen Puppenstuben

Selbst aktiv werden: **Tiere pflanzen**

Frühling! Im April blüht auf Wiesen und Weiden das Wiesenschaumkraut, vorausgesetzt, die Fläche ist nicht zu intensiv bewirtschaftet und der Boden ist nicht zu trocken. Das sieht dann wirklich so aus, als sei die Wiese von einem rosaweißen Schaum bedeckt. Über den Pflanzen flattern manchmal noch Aurorafalter *(Anthocharis cardamines)*. Die Männchen dieses zu den Weißlingen gehörenden Schmetterlings sind auffällig weiß-orange gefärbt, die Weibchen können, von oben betrachtet, leicht mit dem Kleinen Kohlweißling verwechselt werden, die gelb-weiß-grün gesprenkelten Unterseiten der Hinterflügel sind ein sicheres Zeichen, dass es sich um den Aurorafalter handelt.

Aurorafalter

Die Weibchen legen ihre Eier einzeln an die Blütenstiele der Futterpflanzen, dann finden die Räupchen ihr Futter schnell, denn die Raupen fressen vorzugsweise Knospen, Blüten und Früchte von Kreuzblütlern, besonders von Wiesen-Schaumkraut *(Cardamine pratensis)* und Knoblauchsrauke *(Alliaria petiolata)*. Den Nachwuchs möglichst großflächig zu verteilen, ist auch noch aus einem anderen Grund sinnvoll: Die Raupen verpuppen sich an den Stängeln der Wirtspflanzen und schlüpfen erst im April des nächsten Jahres. Wenn die Wiese also abgemäht oder abgeweidet wird, haben die Aurorafalter keine Chance, zu überleben. Wer Aurorafalter nicht nur »säen« möchte – zum Beispiel, indem ein Blumenkräuterrasen angelegt wird –, sondern auch »ernten« will, der sollte einige Teilbereiche von der Mahd ausnehmen und bis ins nächste Jahr stehen lassen. Dies ist vor allem an Hecken, Solitärgehölzen oder Zäunen sinnvoll. Der so entstehende Saum bietet dann auch noch weiteren Insekten die Chance, dass die erwachsenen Tiere aus den Puppen schlüpfen können: Säume sind Puppenstuben.

Das Wiesenschaumkraut ist nicht nur ein Bestandteil von Wiesen-, Blumenkräuterrasen- und Saummischungen, die Pflanzen vagabundieren auch sehr schön in schattigen Staudenbeeten. In Staudenbeeten ist es besonders einfach, die Stängel einfach stehen zu lassen. Nicht nur die Raupen des Aurorafalters finden auf Wiesenschaumkraut ihre Nahrung, sondern auch drei weitere Weißlings-Arten, nämlich der Grünader-Weißling, der Kleine Kohlweißling und der nur in den Alpen vorkommende Berg-Weißling.

Außerdem knabbern hier laut Datenbank »Bladmineerders« noch weitere Krabbeltiere (Anzahl der Arten jeweils in Klammern): Langhornmotten (1), Nematoden (1), Blattläuse (1), Gallmücken (1), Blattkäfer (4), Rüsselkäfer (6), Eulenfalter (3), Gallmilben (1), Glanzkäfer (1), Baumwanzen (2), Schleiermotten (2) und Thripse (1). Paul Westrich beobachtete 19 pollensammelnde Wildbienenarten auf den Blüten.

Gießen oder nicht gießen im naturnahen Garten *Interview mit Silke Gathmann aus Dresden*

In Dresden, in einer der trockensten Gegenden Deutschlands, liegt der Naturgarten von Silke Gathmann, einer begeisterten und erfahrenen Naturgärtnerin. Sie war lange Jahre im NaturGarten e. V. als Vorstand und bei der Organisation der Naturgartentage aktiv. In den letzten heißen und regenarmen Sommern machte sie erstaunliche Beobachtungen.

***Ulrike Aufderheide:** Hat sich in Ihrem Garten etwas verändert in den letzten Jahren?*

Silke Gathmann: Ja, es gibt bestimmte Pflanzen, bei denen ich wahrnehme, dass sie sich verändern. Unsere Birke hat diesen Sommer sehr gelitten, die war bislang sehr prächtig und hat auf jeden Fall in diesem Jahr sehr an Kraft und Vitalität verloren. Was mir auch aufgefallen ist, dass die Zimtrose *(Rosa majalis)*, die ja etwas mehr Feuchtigkeit braucht, leidet. Dafür hat sich die Stinkende Nieswurz *(Helleborus foetidus)* sehr ausgebreitet, die kommt super mit der Trockenheit klar. Im Blumenkräuterrasen haben alle Kräuter, insbesondere der Wiesen-Salbei und der Hornklee und auch die Heide-Nelke, diese extremen Hitzeperioden gut überstanden und sie haben auch in der Hitze durchgeblüht. Das Gras war weg, diese Pflanzen waren dann grüne blühende Flecken. Ansonsten erlebe ich an keinen Pflanzen größere Probleme. Was so ein bisschen gemickert hat, sind die Apfelbäume.

Wo halten Sie sich an heißen Tagen am liebsten auf, wenn Sie im Garten sind?

(Lacht) Bei uns ist es ja sehr sonnig. Wir haben einen sehr alten Apfelbaum, da ist es am schönsten. So langsam wird auch eine Haselnuss groß genug, unsere Mirabelle ist auch sehr schön, die hat einen schönen lichten Schatten. Im Vorgarten habe ich die Eschen zu schätzen gelernt, das sind wunderbare Schattengehölze im Sommer, weil das einen lichten, angenehmen Schatten macht.

Haben Sie in den heißen Sommern der letzten Zeit Ihren Garten gegossen?

Was im Gemüsegarten steht, also auch die Beerensträucher, das bekommt Wasser, auch die Apfelbäume habe ich gegossen. Alles andere gieße ich nicht, Weißdorn, Wacholder, die verschiedenen Wildrosen, Eberesche wachsen exzellent. Feldahorn steht da wie eine Eins. Die Schlehen sind sehr gut gewachsen, die musste ich sogar rausnehmen wegen der Ausläufer. Wir haben im letzten Herbst noch einige Gehölze gepflanzt, die habe ich in diesem Sommer natürlich auch gewässert, aber eher selten. Zwischenzeitlich habe ich das sogar vergessen, aber die stehen alle gut da, ich bin sehr überrascht. Obwohl das Pfaffenhütchen und die Eibe in der Sonne stehen, sind sie nicht ausgefallen, auch eine Traubenkirsche macht sich gut.

Wie sah der Garten in den Hitzeperioden aus. Ist alles vertrocknet?
Also ich fand ihn schön. Ich mag das, wenn der Garten so trocken ist und trotzdem noch blüht. Ich finde den Garten dann besonders duftig. Es gab sehr viele Schmetterlinge, Dickkopffalter, Schachbrettfalter, Hauhechel-Bläuling, das fällt mir auf, wie viele Schmetterlinge ich habe, verglichen mit anderen Gärten.

Und als dann der Regen wieder fiel?
Letztlich ist das jetzt wieder ein perfekter Blumenkräuterrasen. Ich hatte den Eindruck, dass nach der Trockenheit vor allem einjährige Gräser kamen, ich befürchte, dass das auch Neophyten wie die Borstenhirse fördern könnte. Die dauerhaften Gräser kamen erst im Jahr danach. Flockenblumen, Malven sind alle gut da, auch die Krokusse haben das sehr gut überstanden. Es ist im Grunde ein gut ausgebildeter Blumenkräuterrasen, nur mit mehr Wiesen-Salbei und Echtem Labkraut, das sind echte Gewinner. Die Trockenheit hat den Kräutern sehr geholfen.

Gibt es Arten, die vielleicht aufgrund der Klimaerwärmung verschwunden sind?
2018 ist der Weißklee verschwunden, ich hatte tatsächlich Weißklee im Blumenkräuterrasen. Auch auf dem Weg im Gemüsegarten ist er komplett weggegangen. Das war wohl zu trocken. Margeriten habe ich nicht mehr so viel, aber das ist ja eher normal, ich glaube nicht, dass das an der Trockenheit liegt.

Das Echte Labkraut bildet besonders im trockenen Sommer dichte, duftende Horste im Kräuterrasen – hier zusammen mit den Samenständen des Taubenkropf-Leimkrauts

Dickkopffalter auf Wiesen-Witwenblume

Zitronenfalter auf Kathäusernelke

Sind auch Arten dazu gekommen?

Leider ist Langebrück nicht sehr artenreich, das Wiesen-Labkraut hat sich jetzt mehr ausgebreitet, aber das hatte ich in der Nähe gepflanzt. Taubenkropf-Leimkraut hat sich sehr ausgebreitet, aber auch das war vorher im Garten. Hier ist nichts, was zuwandern könnte. Jetzt zur Zugzeit beobachte ich sehr viele Vögel, Erlenzeisige an den Nachtkerzen und Stieglitze ohne Ende.

Ein Glück, dass es Ihren Garten gibt. Würden Sie etwas anders machen, wenn Sie den Garten noch einmal anlegen würden, oder haben Sie ein Umgestaltungsprojekt für Ihren Garten, um ihn besser auf die kommende Zeit vorzubereiten?

Mein Traum ist ein Schwimmteich, das hätte ich wahnsinnig gerne und noch viel mehr Trockenstandorte, die liebe ich sehr. Außerdem würde ich das Regenwasser nicht mehr in der Rigole versickern, so wie wir das jetzt machen, das würde ich jetzt gerne in offenen, artenreich bepflanzten Mulden versickern. Und was ich noch gerne hätte, wären noch mehr Frühjahrsblüher. Mein Nachbar hat im frühen Frühjahr einen gelben Teppich von Winterlingen im Vorgarten, das finde ich total schön. Was ich auch sehr liebe, sind Schneeglöckchen und Buschwindröschen. Lieblingspflanzen zu nennen, ist was ganz Schwieriges für mich, weil ich alle einheimischen Wildpflanzen liebe, freue ich mich über jede Art.

Besser mit der NATUR – GÄRTEN in der Klimakrise

Die Natur wird weiterleben

Im Anthropozän ist der Homo sapiens – sind wir – diejenigen, die fast alle Ökosysteme entscheidend beeinflussen und verändern. Diese Veränderungen sind so radikal wie der Asteroid, der vor fünfundsechzig Millionen Jahren mit der Erde kollidierte, was nicht nur zum Aussterben zahlreicher Tierarten, darunter die Dinosaurier, sondern auch von 60 Prozent aller Pflanzenarten führte. Das sind Aussterberaten, wie wir sie auch heute erleben. Die Kollision bewirkte durch Asche und Staub in der Atmosphäre eine Jahrzehnte dauernde Kälteperiode mit einer globalen Mitteltemperatur unter dem Gefrierpunkt und dann, durch den erhöhten CO_2-Gehalt, eine fünfzigtausend Jahre dauernde Heißzeit. Und was passierte nach dieser unvorstellbaren Katastrophe mit Mega-Tsunamis, weltweiten Flächenbränden und Hyper-Orkanen? Eine neue grüne Erde entstand, die jetzt nicht mehr von Dinosauriern, sondern von Säugetieren bewohnt wird. Wir dürfen also sicher sein: Auch wenn Homo sapiens es nicht schafft, sich an die begrenzten Ressourcen der Erde anzupassen, die Natur wird sich von dieser Katastrophe erholen.

Der Mensch als Teil der Natur

Aber wollen wir das? Die Evolution hat uns zwar mit einem sehr gut funktionierenden Gehirn ausgestattet, aber leider fehlt uns die Möglichkeit, unser Handeln an Einflüssen auszurichten, die nicht unmittelbar erfahrbar sind und die zudem außerhalb unserer persönlichen Lebenszeit liegen. In den industrialisierten Ländern leben die meisten in einem Wohlstand und einer Bequemlichkeit wie keine Generation vor uns. Wann können wir es schaffen, die Folgen unserer Lebensweise so wahrzunehmen, dass wir sie ändern? Die Antwort ist: jetzt! Denn die Folgen werden jetzt tatsächlich spürbar, wenn Flusstäler überschwemmen, Wälder brennen und alte Menschen im Hitzesommer sterben. Jetzt ist das Zeitfenster, in dem wir das Überleben unserer Art ermöglichen können. Und das wird nur möglich sein, wenn wir lernen, mit der Natur zu leben und nicht gegen sie. Wenn wir uns als eine

Der Bogen wird von Schlusstein gehalten. Auch in Ökosystemen gibt es Arten mit ähnlicher Funktion. Wenn sie verschwinden, verändert sich alles.

»*keystone species*« begreifen, den Schlussstein im Bogen, der nur, wenn er passt, den ganzen Bogen, der ihn trägt, stabil halten kann. Denn mit der Menschwerdung, mit den überragenden Jagdtechniken und dem Gebrauch von Feuer, hat unsere Menschenaffenart von Beginn an die Ökosysteme entscheidend verändert, oft nicht zum beiderseitigen Vorteil. So lange es große Tiere gab, die leicht zu erlegen waren, haben Menschen ein Leben gelebt, das von viel freier Zeit geprägt war. Das hat sie aber nicht davon abgehalten, genau diesen Ast, auf dem sie saßen, abzusägen und viele Tierarten bis zur Ausrottung zu jagen. Landwirtschaft war die Lösung, sie war aber erst einmal nicht nur mit einem Anstieg der Bevölkerungsdichte, sondern auch mit einem Verlust an freier Zeit und an Gesundheit verbunden.

Trotzdem gab es immer auch Menschen, die dafür gesorgt haben, dass die Natur als dauerhafte Lebensgrundlage erhalten bleibt. Die in Australien eingewanderten Aborigines haben zwar viele große Tierarten ausgerottet, aber durch intelligent gelegte Brände dafür gesorgt, dass eine vielfältige Natur erhalten blieb, die sie gut ernährte. Auf ihren Wanderungen haben die Frauen besonders schmack- und nahrhafte Pflanzen immer wieder gesät und gefördert, sie haben damit quasi kleine Gärten angelegt.

Aus der Sicht eines Försters, der Bäume ernten möchte, waren die Gemeinschaftsweiden Europas vor der Aufteilung der Allmenden »zerstörte Wälder«. Dabei erhielt die Beweidung weiter Landschaften aber eine reiche biologische Vielfalt und zahlreiche Naturleistungen, die wichtig waren zum guten Leben der Menschen. Ausgeklügelte soziale Regeln sorgten dafür, dass die Flächen nicht übernutzt wurden, und besonders wichtige Pflanzen wie Eichen oder Obstbäume wurden besonders gefördert. Die Landschaft wurde also begärtnert.

Für Pflanzen und Tiere zu sorgen, macht uns glücklich, das liegt genauso in unserer Natur wie die Lust, zu jagen und zu töten. Dafür mussten immer wieder Einzelne von ihrem individuellen Vorteil absehen, damit die Landschaft alle und nicht nur wenige versorgte.

Die Welt als Garten

Den Weg zurück in eine sich selbst regulierende Natur gibt es nicht mehr, diesen hat es nach den ersten dramatischen Eingriffen, wie dem vom Menschen verursachten Aussterben der anderen Schlusssteinarten, wohl auch nie gegeben. Aber es gibt Modelle dafür, dass Menschen nicht nur von der Natur getragen werden, sondern sich auch so einpassen können, dass der Bogen hält, die Natur also auch den Menschen ertragen kann, weil er sich den Bedingungen des Bogens angepasst hat. Wir müssen für die Natur sorgen, und zwar für jede Art, die vom Aussterben bedroht ist, und für jede Ressource, wie auch für eine menschenverträgliche globale Mitteltemperatur oder ausreichende Grundwasservorräte.

Das Glück, für ein Stück Land zu sorgen, und das Glück, für Tiere zu sorgen, sind dann die Grundlagen dafür, sowohl der Krise der biologischen Vielfalt als auch der Klimakrise direkt vor unserer Haustür begegnen zu können. Begegnung, Kontakt, Berührung durch die Schönheit der Natur machen glücklich. Begegnung mit eigendynamischer Natur ist aber auch ein Lehrmeister. Wir lernen viel über uns, wir lernen aber auch viel über die Bedrohung, wenn wir sehen, wie die einheimischen Wildpflanzen, die wir in unserem Garten haben, von den Flächen außerhalb des Gartenzaunes verschwinden. Das wahre Ausmaß der Klimakrise können wir erahnen, wenn wir uns intensiver mit den Fakten auseinandersetzen.

Waldweide in Rumänien: So ähnlich können wir uns die europäische Naturlandschaft vorstellen

Wir haben die Erdoberfläche und die Stoffströme unseres Planeten so stark verändert, dass Wissenschaftler von einem neuen Erdzeitalter sprechen, dem Anthropozän

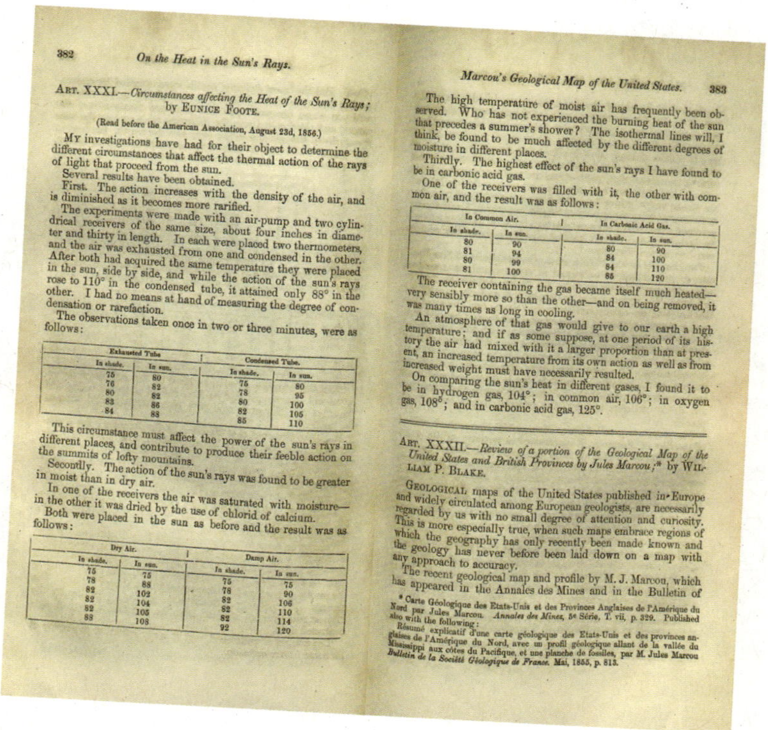

382 *On the Heat in the Sun's Rays.*

ART. XXXI.—*Circumstances affecting the Heat of the Sun's Rays;* by EUNICE FOOTE.

(Read before the American Association, August 23d, 1856.)

MY investigations have had for their object to determine the different circumstances that affect the thermal action of the rays of light that proceed from the sun.

Several results have been obtained.

First. The action increases with the density of the air, and is diminished as it becomes more rarified.

The experiments were made with an air-pump and two cylindrical receivers of the same size, about four inches in diameter and thirty in length. In each were placed two thermometers, and the air was exhausted from one and condensed in the other. After both had acquired the same temperature they were placed in the sun, side by side, and while the action of the sun's rays rose to 110° in the condensed tube, it attained only 88° in the other. I had no means at hand of measuring the degree of condensation or rarefaction.

The observations taken once in two or three minutes, were as follows:

Exhausted Tube		Condensed Tube.	
In shade.	In sun.	In shade.	In sun.
75	80	75	80
76	82	78	95
80	82	80	100
83	86	82	105
84	88	85	110

This circumstance must affect the power of the sun's rays in different places, and contribute to produce their feeble action on the summits of lofty mountains.

Secondly. The action of the sun's rays was found to be greater in moist than in dry air.

In one of the receivers the air was saturated with moisture—in the other it was dried by the use of chlorid of calcium.

Both were placed in the sun as before and the result was as follows:

Dry Air.		Damp Air.	
In shade.	In sun.	In shade.	In sun.
75	75	75	75
78	88	78	90
82	102	82	106
82	104	82	110
82	105	82	114
88	108	92	120

Marcou's Geological Map of the United States. 383

The high temperature of moist air has frequently been observed. Who has not experienced the burning heat of the sun that precedes a summer's shower? The isothermal lines will, I think, be found to be much affected by the different degrees of moisture in different places.

Thirdly. The highest effect of the sun's rays I have found to be in carbonic acid gas.

One of the receivers was filled with it, the other with common air, and the result was as follows:

In Common Air.		In Carbonic Acid Gas.	
In shade.	In sun.	In shade.	In sun.
80	90	80	90
81	94	84	100
80	99	84	110
81	100	85	120

The receiver containing the gas became itself much heated—very sensibly more so than the other—and on being removed, it was many times as long in cooling.

An atmosphere of that gas would give to our earth a high temperature; and if as some suppose, at one period of its history the air had mixed with it a larger proportion than at present, an increased temperature from its own action as well as from increased weight must have necessarily resulted.

On comparing the sun's heat in different gases, I found it to be in hydrogen gas, 104°; in common air, 106°; in oxygen gas, 108°; and in carbonic acid gas, 125°.

ART. XXXII.—*Review of a portion of the Geological Map of the United States and British Provinces by Jules Marcou;** by WILLIAM P. BLAKE.

GEOLOGICAL maps of the United States published in Europe and widely circulated among European geologists, are necessarily regarded by us with no small degree of attention and curiosity. This is more especially true, when such maps embrace regions of which the geography has only recently been made known and the geology has never before been laid down on a map with any approach to accuracy.

The recent geological map and profile by M. J. Marcou, which has appeared in the Annales des Mines and in the Bulletin of

* Carte Géologique des Etats-Unis et des Provinces Anglaises de l'Amérique du Nord par Jules Marcou. *Annales des Mines,* 5e Série, T. vii, p. 329. Published also with the following:

Résumé explicatif d'une carte géologique des Etats-Unis et des provinces anglaises de l'Amérique du Nord, avec un profil géologique allant de la vallée du Mississippi aux côtes du Pacifique, et une planche de fossiles, par M. Jules Marcou *Bulletin de la Société Géologique de France.* Mai, 1855, p. 813.

Die wissenschaftliche Arbeit, in der Eunice Foote ihre Entdeckung des Treibhauseffektes veröffentlichte

Klimakrise verstehen

Der Treibhauseffekt und der Kohlenstoffhaushalt unseres Planeten

Gewächshaus Erde

Im Jahr 1856 wurden auf der Jahrestagung der amerikanischen Naturforschungsgesellschaft AAAS die Forschungsergebnisse von Eunice Foote vorgetragen (Frauen durften zwar Mitglied sein, aber selber keine Vorträge halten). Sie hatte luftdicht verschlossene Glasröhren, die mit verschiedenen Gasen gefüllt waren, der Sonnenstrahlung ausgesetzt und dann die Temperatur in den Röhren gemessen. Sie war die erste Forschende, die erkannte, dass die Temperatur der Erdatmosphäre steigen muss, wenn sie mehr Kohlendioxid enthält. Erst 2010 wurde bekannt, dass sie diese Entdeckung vor John Tyndall gemacht hat, dem sie bis dahin zugeschrieben wurde.

Kohlendioxid und die anderen Treibhausgase, die wir inzwischen kennen, legen sich wie eine wärmende Decke oder eben wie ein Gewächshausdach um unseren Planeten. Denn ohne diese Decke würde fast die gesamte Sonnenstrahlung, die auf die Erde trifft, wieder in den Weltraum abgestrahlt. Dabei ist die Einstrahlung des Sonnenlichtes kurzwelliger als die infrarote Rückstrahlung der Erde. Kohlendioxid und andere Treibhausgase zeichnen sich nun dadurch aus, dass sie nicht die Einstrahlung, wohl aber die Rückstrahlung aufnehmen können und sich dann selber erwärmen. Die erwärmten Treibhausgase strahlen dann einen Teil der Energie wieder zurück auf die Erde. Trotzdem erscheint die Energiemenge, die von unserem Planeten eingefangen wird, die »Netto-Absorption« von 0,9 W/m^2, winzig angesichts der Einstrahlung von 341,3 W/m^2. Zum Vergleich: Ein LED-Nachtlicht hat eine Leistungsaufnahme von 0,7 Watt, LED-Flutlichtstrahler liegen zwischen 100 und 900 Watt.

Kohlendioxid ist nicht das einzige Treibhausgas. Methan, Stickoxide, Ruß, bodennahes Ozon oder fluorierte Kohlenwasserstoffe (HFKW), aber auch Wasserdampf (zum Beispiel in Wolken) gehören ebenso dazu. Wie stark Wolken die Auskühlung der Erde verhindern können, kennen wir alle aus sternklaren Winternächten, in denen die Temperatur viel tiefer fällt als bei bewölktem Himmel. Ohne den Treibhauseffekt wäre es auf unserm Planeten bitterkalt, wir hätten eine Durchschnittstemperatur von -18 °C statt +14 °C, Leben wäre nicht möglich.

Menschen machen Treibhausgase

Bei allen Treibhausgasen ist nach dem Beginn der industriellen Revolution in der zweiten Hälfte des 19. Jahrhunderts ein starker Anstieg der Konzentration in der Atmosphäre zu beobachten. Grafiken dazu zeigen immer typische »Hockeyschlägerkurven« mit einer flachen Linie während der letzten Jahrhunderte, die wie der Schaft eines liegenden Hockeyschlägers wirkt, und einer steil ansteigenden Linie, die wie dessen Kelle aussieht. Einige der Treibhausgase sind kurzlebig und werden recht schnell abgebaut oder regnen ab, dazu gehören Methan, Ruß und bodennahes Ozon. Der Gehalt der Atmosphäre an diesen Stoffen würde schnell sinken, wenn sie in geringerem Maße produziert würden. Kohlendioxid dagegen wird in der Atmosphäre nicht durch Sonnenlicht (»Photolyse«) oder chemische Reaktionen abgebaut und ist deshalb sehr langlebig. Die Konzentration der Atmosphäre an Treibhausgasen

Der Kohlenstoffkreislauf

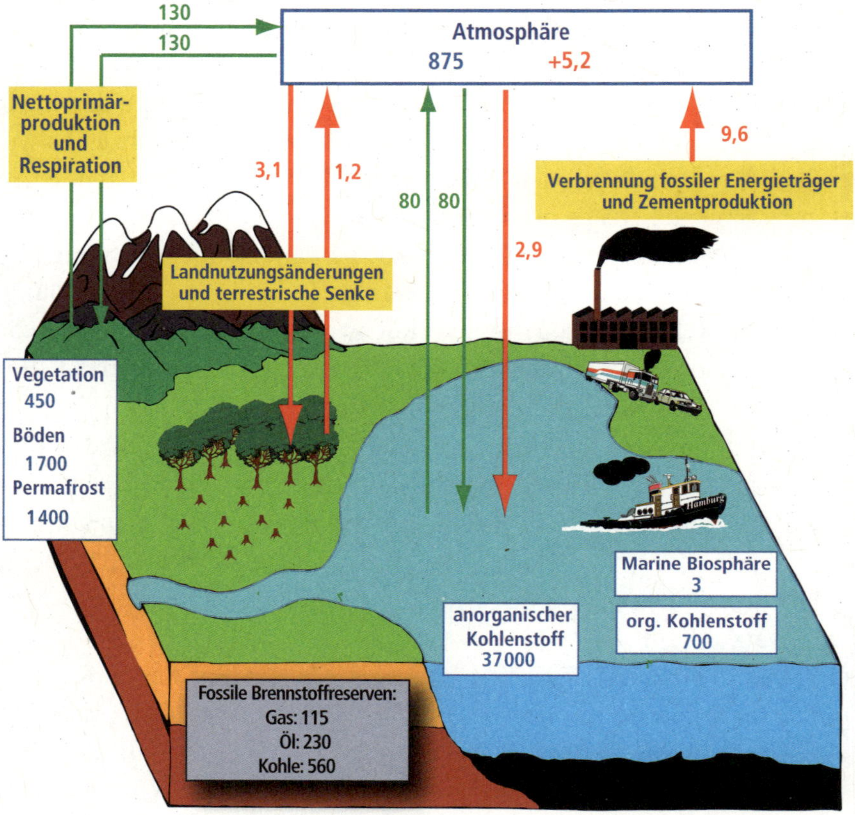

Kohlenstoffflüsse in Gigatonnen pro Jahr sowie der gespeicherte Kohlenstoff in Gigatonnen Kohlenstoff (GtC). Die grünen Pfeile und Werte zeigen die natürlichen Flüsse, die blauen Werte die natürlichen Speicher vor 1750. Rote Pfeile und Werte zeigen die menschengemachten Veränderungen.

steigt seit Beginn der Industrialisierung an, weil wir Menschen bei Verbrennungen immer mehr davon produzieren: bei der Zementherstellung (die das CO_2 freisetzt, das im Kalkstein gebundenen ist), aber auch durch Landnutzungsänderungen, zum Beispiel die Entwässerung von Mooren, oder durch die Prozesse der chemischen Industrie.

Warum nur ist Kohlendioxid so langlebig, wo doch alle grünen Pflanzen jeden Tag Kohlendioxid aufnehmen und so mithilfe der Energie des Sonnenlichtes wachsen, also Biomasse aufbauen? Das war eine weitere »Erfindung« der Regierung Bush: Wir müssen unser Leben nicht ändern, es reicht, ein paar Bäume zu pflanzen (siehe auch Seite 12). Und tatsächlich fixiert die Landvegetation jedes Jahr 130 Gigatonnen Kohlenstoff (GtC). Bei etwa 880 GtC in unserer Atmosphäre, müssten die in knapp sieben Jahren nicht verbraucht sein? Rechnungen, die nur die Kohlenstoffspeicherung betrachten, vernachlässigen aber, dass Pflanzen nicht nur »einatmen«, sondern auch »ausatmen«. Und nach dem Absterben der Pflanze wird der in ihrer Biomasse gespeicherte Kohlenstoff von abbauenden Organismen dann weiter »veratmet« (siehe auch Seite 36). Trotzdem gibt es jenseits von Erdöl und Kohle, die wir Menschen gerade in die Luft pusten, noch weitere wichtige Kohlenstoffspeicher und auch -aufnahmen, die alle untereinander in Verbindung stehen. Den größten Speicher stellen mit etwa 38 000 GtC die Ozeane dar, in der Vegetation sind nur 450 Gigatonnen Kohlenstoff gebunden, in den Böden der Landmassen aber etwa 1700 Gt.

Wir sind die Ursache

Dass die menschengemachte Zunahme der Treibhausgase die Ursache für die Klimaerwärmung ist, liegt nahe, aber kann man das auch beweisen? Denn die Klimabedingungen haben sich ja aufgrund von natürlichen Bedingungen, wie der Änderung der Sonneneinstrahlung oder des Winkels der Erdachse, in der Erdgeschichte immer wieder geändert. Dass die Erhöhung der menschengemachten Treibhausproduktion die Ursache der Klimaerwärmung ist, kann aber wissenschaftlich nachgewiesen werden: Wenn man in den Klimamodellen die vom Menschen verursachten Bedingungen herausnimmt und nur noch die natürlichen Schwankungen belässt, kann die beobachtete Temperaturänderung nicht erklärt werden. Wenn sie miteinbezogen wird, passt es dann wieder. Ein wissenschaftlicher Beweis ist das jedoch nicht, denn niemand kann hier ein Experiment mit unbeeinflusster Kontrolle machen, es gibt einfach keine zweite Erde. Dieser feine Unterschied zwischen Nachweis und Beweis kann, wie der politische Berater der Bush-Regierung Frank Luntz (siehe Seite 11) erkannte, von Gegnern der notwendigen Änderungen unserer Wirtschaftsweise für die Begründung ihrer Untätigkeit genutzt werden.

Was auf uns zukommt – Klimamodelle

»Vorhersagen sind schwierig, besonders, wenn sie die Zukunft betreffen.« Das ist eine bekannte Aussage, so bekannt, dass gar nicht mehr klar ist, wer diesen Satz als Erster gesagt hat. Die Vorstellungskraft des sogenannten »gesunden Menschenverstandes« ist einfach begrenzt, vor allem, weil es uns schwerfällt, Dinge, die außerhalb unserer Erfahrung liegen, in unsere Gedanken und Entscheidungen miteinzubeziehen. Zwei Beispiele: Wir freuen uns über den einzelnen Frosch in unserem Gartenteich und können uns gar nicht vorstellen, dass bei Einführung der ersten Mähmaschinen diese ständig verstopften, weil Unmengen an Fröschen in ihnen verendeten. Es war lange Zeit klar, dass die Fichte mit einer Klimaerwärmung nicht gut zurechtkommen wird, erst jetzt, wo die Bäume auf großen Flächen absterben, können viele diese Aussage auch begreifen, leider nicht alle Waldbesitzer, erstaunlicherweise werden immer noch Fichten aufgeforstet.

Aber Vorhersagen über die zukünftigen Klimaänderungen sind nötig und auch möglich. Supercomputer können riesige Mengen an Daten verarbeiten und »Klimamodelle« errechnen. Diese werden dann überprüft, indem die Emissionen der Vergangenheit eingegeben werden. Wenn das Ergebnis des Modells den gemessenen Klimadaten entspricht, sind die Berechnungen mit einer hohen Wahrscheinlichkeit zuverlässig. Der auf Seite 157 geschilderte Nachweis, dass die Klimaerwärmung menschengemacht ist, folgt diesem Schema. Insofern können wir uns auf Modelle als Vorhersagen und als Grundlage für unsere Entscheidungen schon verlassen, müssen aber miteinbeziehen, dass jede Wissenschaftlerin und jeder Wissenschaftler natürlich immer eher vorsichtig rechnet und nur ungern eine Vorhersage macht, die zu Maßnahmen führt, die sich hinterher als unnötig herausstellen. Die Ergebnisse der Vorhersagen werden deshalb tendenziell negative Entwicklungen eher unterschätzen.

Szenarien der Zukunft

Während die Wirkungen der Treibhausgase, Strahlungsbilanzen und andere Einflüsse auf das Klima mit naturwissenschaftlichen Methoden bearbeitet werden können, sind Vorhersagen über das Verhalten der Menschheit extrem schwierig. Werden wir es schaffen, unsere Wirtschaftsweise zu ändern, und weniger Treibhausgase produzieren? Diese Frage geht in Form verschiedener Szenarien in die Modelle ein. Jedes Szenarium führt zu einer mehr oder weniger erhöhten zusätzlich von der Erde eingefangenen Menge an Sonnenenergie. Zurzeit fängt die Erde 0,9 W/m^2 ein, wenn wir nichts ändern *(»business as usual«)* werden es im Jahr 2100 8,5 W/m^2 sein.

Die sogenannten RCP-Szenarien bezeichnen nicht die zu erwartende Erhöhung der globalen Mitteltemperatur, sondern die Strahlungsdichte, die unser Planet absorbiert. RCP ist eine Abkürzung für *»Representative Concentration Pathway«*, repräsentativer Konzentrationspfad. Erstaunlich ist, dass die in Abhängigkeit vom RCP-Wert zu erwartende Temperaturerhöhung vom Kohlendioxidgehalt der Atmosphäre abhängt, obwohl es ja noch andere Treibhausgase gibt. Der Kohlendioxidgehalt repräsentiert also die gesamte Entwicklung. Die zu erwartende Temperaturerhöhung liegt zwischen 2,5 °C (RCP 4,5) und 5 °C (RCP 8,5).

Bei dem relativ optimistischen Szenario RCP 4,5 wird in der Zukunft Madrid das Klima von Marrakesch haben, Stockholm das von Budapest, Seattle das von San Francisco und London das von Barcelona. Die Städte im subtropischen und tropischen Raum werden ein Klima bekommen, das es heute noch nicht gibt.

Warum ist es so schwer, aus diesen Vorhersagen Konsequenzen zu ziehen? Der größte Stolperstein auf dem Weg zum Handeln besteht darin, dass wir einen großen Teil der unter der Erde lagernden fossilen Brennstoffe dort liegen lassen müssen und eben nicht nutzen dürfen. Das bedeutet den Verzicht auf Gewinn für einige sehr mächtige Firmen und produziert einen erheblichen politischen Druck. Lange waren wir alle zu bequem, uns auf den Weg zu machen in Richtung eines kohlstofffreien Wirtschaftens, wo wir von fossilen Energieträgern nicht wie von einer Droge abhängig sind.

Der Ukraine-Krieg hat, neben den schrecklichen Folgen für die Menschen in der Ukraine und weit darüber hinaus, die Klimakrise nicht nur in den Hintergrund treten lassen, er befeuert sie auch. Gas wird in Russland sinnlos abgefackelt, in der Ukraine brennt es überall, die Waffenproduktion und ein Rückfall der Energieproduktion in die Welt von Kohle und Fracking heizen die Klimakrise an. Das 1,5-Grad-Ziel erscheint nicht mehr erreichbar. Eine globale Erwärmung um 3,5 °C erscheint derzeit selbst bei weltweiten Anstrengungen realistischer zu sein.

Was bedeutet das für Mitteleuropa?

Es wird also wärmer werden. Je mehr Kohlendioxid die Atmosphäre enthält, desto besser können die Pflanzen Fotosynthese betreiben, desto stärker wachsen sie. Kohlendioxid düngt also. Früher hat man Kohle in Gewächshäusern verbrannt, um höhere Erträge zu bekommen, heute verbrennen wir die Kohle einfach global. Wahrscheinlich hat der erhöhte Kohlendioxidgehalt der Luft um fünf bis zehn Prozent zu den Ertragssteigerungen der Vergangenheit beigetragen. Dauerhaft bedeutet das: Im Grünland werden die Landwirte einen Schnitt mehr ernten. Aber es werden auch andere und neue Kulturpflanzen angebaut werden, zum Beispiel das Trockenheit vertragende Getreide Teff (eine Hirseart, die derzeit nur in den Tropen wächst).

Es wird also wärmer werden, aber wird es deshalb auch trockener? Da kommen die verschiedenen Klimamodelle noch zu unterschiedlichen Ergebnissen. Während einige Modelle in Mitteleuropa ein sommertrockenes Klima vorhersagen, kommen andere zu dem Ergebnis, dass es auch im Sommer weiterhin regnen wird. Es ist aber wahrscheinlich, dass das Wasser in wenigen sehr heftigen Starkregenereignissen vom Himmel fällt. Bei Starkregenereignissen kann der Boden das Wasser nicht mehr aufnehmen, da sehr schnell alle Poren gefüllt sind. Oder das Regenwasser kann nicht eindringen, weil die Luft in den Bodenporen durch das Wasser, das auf der Oberfläche abläuft, nicht so schnell entweichen kann. Wenn dann der Boden nicht ausreichend durch Vegetation geschützt ist, kommt es zur Erosion des Bodens. Unser Klima wird sich also »mediterranisieren« und unsere Wasserläufe werden in Zukunft wohl so aussehen wie im Mittelmeerraum, wo Flüsse und Bäche von großen Flächen begleitet sind, die die Fluten bei Starkregenereignissen aufnehmen.

Bei Sommertrockenheit wird die Beregnung von landwirtschaftlichen Flächen in wesentlich größerem Ausmaß als heute notwendig werden, dies wird zu einer Veränderung unserer Landwirtschaft und vor allem auch unseres Landschaftsbildes führen. Die Landwirtschaft wird damit in Konkurrenz zu anderen Grundwassernutzern treten, zum Beispiel mit uns allen, die wir Trinkwasser brauchen. Niedrige Wasserstände der Flüsse im Sommer mit erhöhten Schadstoffgehalten in überwärmtem Wasser werden immer häufiger vorkommen. Das kann zum Zusammenbruch der Flussökosysteme führen wie 2022 in der Oder.

Die Anzahl der Hitzetage, der Trockentage und der Tropennächte wird in Zukunft weiter steigen, und zwar werden insbesondere die jetzt schon eher trockenen Regionen Ostdeutschlands weniger Regen bekommen.

Mit der steigenden Durchschnittstemperatur werden die gemäßigten Regionen aber auch ihren hygienischen Vorteil verlieren. Wechselwarme Krankheitserreger werden länger außerhalb des menschlichen Körpers überleben können und sich deshalb leichter ausbreiten können. Krankheiten, die wir bis jetzt als Tropenkrankheiten kennen, wie Dengue-Fieber, werden auch in Mitteleuropa endemisch werden. Ein weiteres Beispiel ist *Vibrio vulnificus,* ein mit dem Choleraerreger verwandtes Bakterium, das zur Vermehrung Brackwasser braucht, das wärmer ist als 20 °C. Schon jetzt kommt es hin und wieder zu tödlichen Infektionen durch Schwimmen in der Ostsee. Es ist durchaus die Frage, ob wir in Zukunft noch gefahrlos in der Ostsee werden schwimmen können.

Auf jeden Fall wird sich der Anstieg des Meeresspiegels fortsetzten. Wobei das Meer in der Klimakrise der Elefant ist, der nichts vergisst. Wenn wir es noch schaffen könnten, den RCP unter 2,6 zu halten, würde der Meeresspiegel zwar bis 2100 »nur« um 75 cm steigen, die Entwicklung hätte sich dann weiter fortgesetzt und im Jahr 4000 wäre ein Meeresspiegel zu erwarten gewesen, der vier Meter über dem heutigen liegt. RCP 2,6 hätte erreicht werden können, wenn die Emissionen von CO_2 ab 2020 begonnen hätten, zu sinken, und in der zweiten Hälfte des 21. Jahrhunderts auf unter null zurückgehen, also CO_2 aus der Atmosphäre entfernt würde. Wir müssen nun mit einem deutlich stärkeren Anstieg des Meeresspiegels rechnen.

Eis reflektiert viel mehr Licht als Wasser – immer ein schönes Fotomotiv, aber einer der Gründe für die arktische Verstärkung

Schaffen wir es, die Katastrophe abzuwenden? Über Kipppunkte

Kipppunkte führen zu unerwarteten Veränderungen

Klimamodelle gehen davon aus, dass das, was heute eine bestimmte Wirkung hat, diese auch in Zukunft so haben wird, und dass diese Wirkungen auch in einer ähnlichen Geschwindigkeit ablaufen. Es sind jedoch auch Entwicklungen zu befürchten, bei denen es sehr schnell und nur schwer vorhersehbar zu großen Änderungen kommt. Das sind die sogenannten Kipppunkte. Meist sind es Teufelskreise, auch positive Rückkopplungen genannt, die ein System so dramatisch verändern, dass ein neuer Zustand entsteht, der vom alten so stark verschieden ist, dass der ursprüngliche Zustand nicht mehr erreicht werden kann.

Der erste Kipppunkt ist da: die arktische Verstärkung

Im Fall der Eisbedeckung der Arktis scheinen wir einen dieser Kipppunkte schon erreicht zu haben. Das Eis dort schmilzt viel schneller, als alle Klimamodelle bis jetzt errechnet haben. Dies liegt wohl daran, dass Wasser viel weniger der eingestrahlten

Sonnenenergie reflektiert als Eis. Wasser wird also durch die Sonne erwärmt, Eis bleibt kalt, weil es weniger Energie aufnimmt und mehr in den Weltraum zurückstrahlt. Auch Fels nimmt mehr Strahlungswärme auf als Eis und eine grüne Arktis würde von der Sonne noch mehr erwärmt als eine felsige. Sowohl die sich immer weiter ausbreitende Vegetation als auch das Wasser selbst verdunsten mehr und führen zu mehr Wolken in der Atmosphäre über der Arktis. Wasserdampf ist ein besonders wirksames Treibhausgas. Während Wolken in den Tropen kühlend wirken, tragen sie in der Arktis zu einer positiven Rückkopplung, also zu einer weiteren Erwärmung bei. Es ist zu befürchten, dass wir noch vor 2050 den ersten eisfreien Sommer in der Arktis erleben müssen.

Kurz erklärt: die Albedo

Mit Albedo wird der Anteil der einfallenden Strahlung bezeichnet, der von einer Oberfläche nicht aufgenommen, sondern wieder zurückgestrahlt wird. Für unser Auge erscheinen Flächen mit einer hohen Albedo deshalb weiß – es wird viel Licht reflektiert. Flächen mit einer geringen Albedo erscheinen dunkler. Das nicht zurückgestrahlte Licht wird in Wärme umgewandelt. Besonders viel Strahlungsenergie, bis zu 85 Prozent, wird von frischem Schnee reflektiert, auf der anderen Seite der Skala mit Werten zwischen fünf und 15 Prozent liegen Wasser, Wald und feuchter, offener Boden. Die Albedo wird als Zahl ohne Einheit zwischen 0 und 1 angegeben. Frischer Schnee hat eine Albedo von 0,85.

Und es gibt noch mehr

Mit der Eisfreiheit der Arktis ist auch das immer tiefergehende Auftauen der Permafrostböden in der Tundra verbunden, zusätzlich schwächt sich der Golfstrom ab, weil weniger kaltes Meereswasser im Norden absinkt (atlantische thermohaline Zirkulation). In den Permafrostböden und in den arktischen Meeressedimenten sind zwei weitere gefürchtete Kipppunkte im wahrsten Sinne des Wortes begraben, nämlich Unmengen Methan, das bei Erwärmung des Meeres beziehungsweise der Böden freigesetzt werden könnte.

Weitere Kipppunkte sind die Zerstörung der Korallenriffe und die Verringerung der Kohlendioxidbindungsfähigkeit der Meeresalgen (die sogenannte marine Kohlenstoffpumpe), beide verursacht durch die Versauerung der Meere.

Das CO_2 bildet im Wasser Kohlensäure, das Wasser wird saurer. Säure löst Kalk, das können wir an unseren Zähnen leicht fühlen, wenn wir einmal saure Lebensmittel gegessen haben. Korallen bestehen zu einem großen Teil aus Kalk, sie lösen sich im sauren Meerwasser gewissermaßen auf. Und je saurer das Wasser ist, desto weniger CO_2 kann es aufnehmen. Versauerte Ozeane können weniger CO_2 aufnehmen, verhindern die Bindung von CO_2 durch kalkbildende Lebewesen und lösen den biologisch gebundenen Kalk auf.

Ein anderer Kipppunkt wäre das Verschwinden der tropischen Regenwälder. Denn das Wasser, das auf diese Regenwälder herunterregnet, befindet sich in einem recht lokalen Kreislauf, es wird von der dichten Vegetation immer wieder aus dem Boden entnommen und verdunstet. Ohne Vegetation gibt es dort keine Wolke und keinen Regen. Einmal großflächig abgeholzt oder vertrocknet, können die Wälder nicht wieder entstehen.

Auch ist zu befürchten, dass der nordamerikanische Südwesten bei zunehmender Trockenheit weniger Kohlendioxid aufnehmen kann, dass sich der westafrikanische und indische Monsun sowie die El-Niño-Ereignisse unvorhersehbar verändern. Die Verlagerung des westafrikanischen Monsuns kann eventuell zu einem Ergrünen der Sahara führen (falls das nicht sofort durch Übernutzung verhindert wird). Überhaupt ist die Sahara ein gutes Beispiel für die schwer absehbaren Auswirkungen von Kipppunkten. Warum in dieser Weltregion zu einer bestimmten Zeit Wüste vorherrscht oder Vegetation, ist immer noch nicht richtig verstanden. Offensichtlich gibt es für ein und dasselbe Klima zwei stabile Zustände in der Sahara: Wüste und Savanne. In der Eem-Warmzeit vor 130 000 Jahren gab es dort Savannen, obwohl es damals viel wärmer war, und auch in unserer Warmzeit war die Sahara schon einmal bewachsen, nämlich bis vor 5000 Jahren. Die Entwicklung zur Wüste war erst vor 2000 Jahren abgeschlossen.

Krise oder Katastrophe?

Kurz kann es so ausgedrückt werden: Ob die Menschheit die Klimakrise abwenden kann, hängt vor allem davon ab, ob Kipppunkte verhindert werden können. Die Corona-Krise oder der Ukraine-Krieg haben uns gezeigt, dass auch das Bereitstellen von großen Geldsummen offensichtlich kein Problem darstellt, wenn eine Krise als bedrohlich wahrgenommen wird. Leider wird die Klimakrise immer noch nicht so lebensbedrohend wahrgenommen, wie sie tatsächlich ist. Aber damit die notwendige Transformation vieler Bereiche, also der Einstieg in ein klimaneutrales und biodiversitätsförderndes Wirtschaften und Leben gelingen kann, ist dieses konzertierte Handeln tatsächlich »not-wendig«.

Dieses Buch soll zeigen: Wir können etwas tun auf den Flächen, für die wir sorgen. Und das soll nicht dazu führen, dass wir uns im eigenen Garten einigeln, sondern es wird dazu führen, dass wir solch beglückende Schönheit nicht nur im eigenen Garten, sondern weit darüber hinaus erleben und erhalten wollen.

Werden biodiversitätsfördernde Flächen uns lehren können, uns zurückzunehmen und auch mit dem Planeten sorgsam umzugehen? Es wird hart werden, so viel ist sicher, aber es ist die einzige Chance, die wir haben. Wenn wir biodiversitätsfördernde, naturnahe Flächen erleben und vielleicht sogar pflegen dürfen, können wir sie, von der Schönheit beglückt, ergreifen.

Die Autorin

Ulrike Aufderheide aus Bonn ist Diplom-Biologin und erfolgreiche Buch-Autorin. Seit 1994 plant sie naturnahe Gärten, öffentliche Flächen oder Außenanlagen von Kindergärten und Schulen. Mit ihrer Firma *Calluna – Naturnahe Garten- und GrünPlanung* lässt sie Gartenträume wahr werden. Bei ihrer Arbeit entstehen neue Lebensräume für Wildpflanzen und Wildtiere – und für die Menschen auch in Zeiten der Klimakrise viele Möglichkeiten der unmittelbaren Naturerfahrung. Von 2016 bis 2022 engagierte sie sich im Vorstand des NaturGarten e.V., dort ist sie weiterhin in zahlreichen Arbeitskreisen aktiv.

Im pala-verlag sind von Ulrike Aufderheide neben diesem Buch die Titel »Der sanfte Schnitt«, »Kleiner Garten naturnah«, »Öffentliche und gewerbliche Grünflächen naturnah«, »Rasen und Wiesen im naturnahen Garten«, »Schöne Wege im Naturgarten«, »Tiere pflanzen« und mit Edwin Schröter »Workshop Korbflechten« erschienen.

Kontakt
Calluna
Naturnahe Garten- und GrünPlanung
Ulrike Aufderheide
Weißdornweg 78
53177 Bonn
E-Mail: aufderheide@calluna-naturgarten.de

Danksagung

Verlag und Autorin danken dem NaturGarten e.V. für die Erlaubnis, das Fachmagazin »Natur und Garten« zur Klimakrise überarbeitet und erweitert als Buch herausgeben zu dürfen. Ein großer Dank gilt auch den zahlreichen Bildautoren und Bildautorinnen, die großzügig Abbildungen beigesteuert haben, sowie Professor Dr. Martin Claußen für seine Erläuterungen zum Albedo-Effekt.

Anhang

Zum Weiterlesen

Ulrike Aufderheide: **Öffentliche und gewerbliche Grünflächen naturnah,** pala-verlag

Ulrike Aufderheide: **Tiere pflanzen,** pala-verlag

Ulrike Aufderheide: **Schöne Wege im naturnahen Garten,** pala-verlag

Bayerische Landesanstalt für Wald und Forstwirtschaft (Hrsg.); **Praxishilfen Klima-Boden-Baumartenwahl,** Band I (2019) und II (2020), bestellen oder herunterladen unter: www.lwf.bayern.de

Werner David: **Lebensraum Totholz,** pala-verlag

Frank Essel und Wolfgang Rabitsch (Hrsg.): **Biodiversität und Klimawandel,** Springer Spektrum

Pierre Friedlingstein, Michael O'Sullivan, Matthew W. Jones et al.: **Global Carbon Budget 2022,** Earth Syst. Sci. Data,14, 4811–4900, herunterladen unter: https://doi.org/10.5194/essd-14-4811-2022

Farina Graßmann: **Wunderwelt Totholz,** pala-verlag

Brigitte Kleinod und Friedhelm Strickler: **Naturnahe Dachbegrünung,** pala-verlag

Joachim Marotzke und Martin Stratmann (Hrsg.): **Die Zukunft des Klimas,** C.H. Beck Verlag

Uwe Westphal: **Hecken in Garten und Landschaft,** pala-verlag

Paul Westrich: **Die Wildbienen Deutschlands,** Verlag Eugen Ulmer

Reinhard Witt: **Nachhaltige Pflanzungen und Ansaaten,** NaturGarten Verlag

Reinhard Witt und Katrin Kaltofen: **Klimawandel: Fluch oder Chance,** NaturGarten Verlag

Weitere Literaturempfehlungen und die Quellenangaben zu diesem Buch sind bei der Autorin über den pala-verlag erhältlich.

Zum Weitersurfen

Es gibt inzwischen zahlreiche verlässliche Netz-Seiten zum Thema Klimakrise.

Klimawandel und Klimafolgen:
https://wiki.bildungsserver.de/klimawandel/index.php/Hauptseite

Deutscher Klimaatlas:
https://www.dwd.de/DE/klimaumwelt/klimaatlas/klimaatlas_node.html

Deutsches Klimakonsortium, Deutsche Meteorologische Gesellschaft, Deutscher Wetterdienst, Extremwetterkongress Hamburg, Helmholtz-Klima-Initiative, klimafakten.de (Hrsg.): Was wir heute übers Klima wissen. Basisfakten zum Klimawandel, die in der Wissenschaft unumstritten sind, *https://www.deutsches-klima-konsortium.de/basisfakten*

Potsdam-Institut für Klimafolgenforschung
Auf einer Seite des Instituts können die Auswirkungen verschiedener Szenarien selbst recherchiert werden: *http://www.climateimpactsonline.com*

Climate Central, Überschwemmungsrisiken an den Küsten weltweit (verschiedene Szenarien) : *https://coastal.climatecentral.org*

Weltklimarat: Berichte des »Intergovernmental Panel on Climate Change«: *www.ipcc.ch*

Zum Thema **Nutzen einheimischer Wildpflanzen** für Pflanzenfresser (Herbivoren): die europäische Datenbank Bladmineerders: *https://bladmineerders.nl/*

Zum Thema **Neophyten**
Bundesamt für Naturschutz: **Gebietsfremde und invasive Arten:** *https://neobiota.bfn.de/*
NaturGarten e.V.: **Handbuch invasiver Neophyten:** *https://naturgarten.org/wissen/2021/11/12/invasive-neophyten/*

Zum Thema **Schmetterlinge**
BUND, betreut von Walter Schön: **Portal für Schmetterlinge/Raupen:** *www.schmetterling-raupe.de*

Informationen über Naturgärten und Biologische Vielfalt

Deutschland

Tausende Gärten – Tausende Arten
Deutsche Gartenbau-Gesellschaft 1822 e.V.
Kleine Präsidentenstraße 1
10178 Berlin
Partnerbetriebe unter:
www.tausende-gaerten.de/gruene-landkarte

Verband deutscher Wildsamen- und Wildpflanzenproduzenten e.V.
Perchstetten 1 d
35428 Langgöns
www.natur-im-vww.de

NaturGarten e.V.
Reuterstraße 157
53113 Bonn
www.naturgarten.org

Bundesamt für Naturschutz
Konstantinstraße 110
53179 Bonn
www.bfn.de

Österreich

Verein REWISA-Netzwerk
Tulpengasse 8A
4400 Steyr
www.rewisa.at

Schweiz

Bioterra
Scheideggstrasse 73
8038 Zürich
www.bioterra.ch

Bezugsquellen
Pflanzen, Samen und Zubehör

Deutschland

Bioland Hof Jeebel
Biogartenversand
Jeebel 17
29410 Salzwedel OT Jeebel
www.biogartenversand.de

Manufactum
Hiberniastraße 5
45731 Waltrop
www.manufactum.de

Wildpflanzengärtnerei Strickler
Weinheimer Landstraße 71
55232 Alzey
www.gaertnerei-strickler.de

Appels Wilde Samen
Brandschneise 2
64295 Darmstadt
www.appelswilde.de

Rieger-Hofmann
In den Wildblumen 7
74572 Blaufelden-Raboldshausen
www.rieger-hofmann.de

Hof Berg-Garten
Lindenweg 17
79737 Herrischried
www.hof-berggarten.de

Waschbär
Wöhlerstraße 4
79108 Freiburg i. Brsg.
www.waschbaer.de

Österreich

Voitsauer Wildblumensamen
Voitsau 8
3623 Kottes-Purk
www.wildblumensaatgut.at

Wilde Blumen
Puchheimer Straße 9
4844 Regau
www.wildblumen.at

Schweiz

Die Wildstaudengärtnerei
Neumühle 2
Waldibrücke
6274 Eschenbach
www.wildstauden.ch

UFA-Samen
In der Euelwies 34
8408 Winterthur
www.ufasamen.ch

Artenvielfalt

Michael Altmoos:
Mehr Wildnis wagen!
ISBN: 978-3-89566-424-3

Ulrike Aufderheide:
Tiere pflanzen
ISBN: 978-3-89566-388-8

Ulrike Aufderheide:
Öffentliche und gewerbliche Grünflächen naturnah
ISBN: 978-3-89566-420-5

Farina Graßmann:
Wunderwelt heimische Amphibien
ISBN: 978-3-89566-419-9

Katharina Heuberger:
Mein wilder Meter
ISBN: 978-3-89566-428-1

Ulrike Aufderheide:
Kleiner Garten naturnah
ISBN: 978-3-89566-412-0

Brigitte Kleinod / Friedhelm Strickler:
Schön wild!
ISBN: 978-3-89566-367-3

Ulrike Aufderheide:
Schöne Wege im Naturgarten
ISBN: 978-3-89566-340-6

Naturerlebnisräume

Uwe Westphal:
Das große Buch der Gartenvögel
ISBN: 978-3-89566-375-8

Michael Altmoos:
Besonders: Schmetterlinge
ISBN: 978-3-89566-408-3

Sigrid Tinz:
Haufenweise Lebensräume
ISBN: 978-3-89566-389-5

Farina Graßmann:
Wunderwelt Totholz
ISBN: 978-3-89566-401-4

Noch mehr Bücher aus dem pala-verlag

Masanobu Fukuoka:
Der Große Weg hat kein Tor
ISBN: 978-3-89566-206-5

Andrea Preißler-Abou El Fadil:
Gärtnern nach dem Terra-Preta-Prinzip
ISBN: 978-3-89566-376-5

Irmela Erckenbrecht /
Peter Reichenbach:
Farbstark mit sevengardens
ISBN: 978-3-89566-370-3

Ulrike Aufderheide / Edwin Schröter:
Workshop Korbflechten
ISBN: 978-3-89566-369-7

Gesamtverzeichnis bei:
pala-verlag, Am Molkenbrunnen 4, 64287 Darmstadt, www.pala-verlag.de

ISBN: 978-3-89566-429-8

Am Molkenbrunnen 4, 64287 Darmstadt
www.pala-verlag.de

Bildnachweis:
Seiten 8 (kleines Foto), 91: Susan Findorff
Seiten 8 (großes Foto), 32, 69, 76, 79 (großes Foto), 80, 88, 89, 90, 95 (unten), 101, 102, 111, 112, 113 (unten), 150: Stefanie Biel
Seite 14: Friedrich Georg Weitsch (1806), Wikimedia Commons, gemeinfrei
Seite 16: Pieter Bruegel der Ältere (1565), Wikimedia Commons, gemeinfrei
Seite 20: Amrei Aufderheide
Seiten 21, 22, 23, 64: Reinhard Witt
Seiten 25 (oben, unten links): Ariane Hoffmann
Seite 26 (links): Wolfgang Kiesewetter
Seiten 27 (rechts), 119 (oben): Walter Schön
Seite 28 (Grafik): Bayerische Landesanstalt für Wald und Forstwirtschaft
Seiten 35, 97 (oben links): Mareike Aufderheide
Seiten 47, 48, 49: Stiftung Naturschutz Schleswig-Holstein
Seite 49 (Grafik unten rechts): Hendrik Manthey
Seiten 56, 77, 112 (Mitte): Karl Heinz Niehus
Seiten 58, 100: Sabine Weiß
Seiten 62, 71 (unten), 86 (oben): Andreas Haselböck
Seite 81 (oben): Dick Belgers
Seite 82: Birgit Helbig
Seite 92 (oben): Roland Günter
Seite 97 (unten rechts): Mendes Paolo Vinte
Seite 99 (oben): Farina Graßmann
Seite 99 (unten): Heribert von Essen
Seiten 105 (Grafik), 120, 121 (Grafik), 122, 123: Markus Kumpfmüller
Seite 134: Günter Schweigert, Naturkundemuseum Stuttgart
Seiten 147, 148, 149: Silke Gathmann
Seite 154 (unten): Foote sunsrays, Wikimedia Commons, gemeinfrei
Seite 156 (Grafik): Darstellung nach Norbert Noreiks, MPI-M, Daten nach P. Friedlingstein, M. O'Sullivan, M. W. Jones et al. (2022b): Global Carbon Budget 2022, Earth Syst. Sci. Data, 14, 4811–4900, mit freundlicher Genehmigung von Dieter Kasang
Seite 165: Enno Aufderheide
alle anderen Fotos: Ulrike Aufderheide

Umschlagfotos vorne: Silke Gathmann (oben, unten links), Ulrike Aufderheide (unten Mitte, unten rechts)
Umschlagsfoto hinten: Enno Aufderheide

Lektorat: Barbara Reis

Satz und Gestaltung: Die Werkstatt-Medien Produktion GmbH, Göttingen
www.werkstatt-produktion.de

Druck und Bindung:
Beltz Grafische Betriebe GmbH, Bad Langensalza
www.beltz-grafische-betriebe.de
Printed in Germany

Gedruckt auf **100%** Recyclingpapier